京都・大阪・神戸から車で1時間　里山への旅
くるり丹波篠山 京都丹波＋舞鶴

丹波 / 丹波篠山 / 福知山 / 綾部 / 京丹波町 / 南丹 / 亀岡 / 舞鶴

CONTENTS

- 002　アクセス

特集　明智光秀
- 004　講談 明智光秀物語 旭堂小南陵
- 008　光秀の足跡をたどる
  明智光秀ゆかりのスポット
- 013　光秀にちなんだ土産物紹介
- 014　明智光秀と丹波
  八上城と城下町を訪ねる　藤田達生
- 019　明智光秀 推定略年表

- 020　露天風呂のある ぬくぬく温泉
- 023　直売所
- 024　丹波の地酒
- 026　ぼたん鍋

- 029　兵庫県
- 030　丹波篠山市
- 036　篠山城下町
- 050　丹波篠山郊外
- 061　今田町

- 068　丹波市
- 070　柏原
- 075　山南
- 078　氷上・青垣
- 081　春日・市島

- 085　京都府
- 088　福知山市
- 096　綾部市
- 102　船井郡京丹波町
- 106　南丹市
- 112　亀岡市

- 119　舞鶴市

- 126　インデックス

【ご注意】
- ●本書に記載している情報は、2019年8月現在のものです。データや地図の地名、各施設のサービス内容などは変更になる場合がありますので、あらかじめご了承ください。
- ●表示価格は本体価格です。税込みのものは［税込］と記載しています。寺社（非課税）など、一部例外があります。
- ●料理の内容や価格は時季によって変更になることがあります。
- ●年末年始、お盆、その他特別な休日は記載しておりません。事前に各施設にご確認ください。

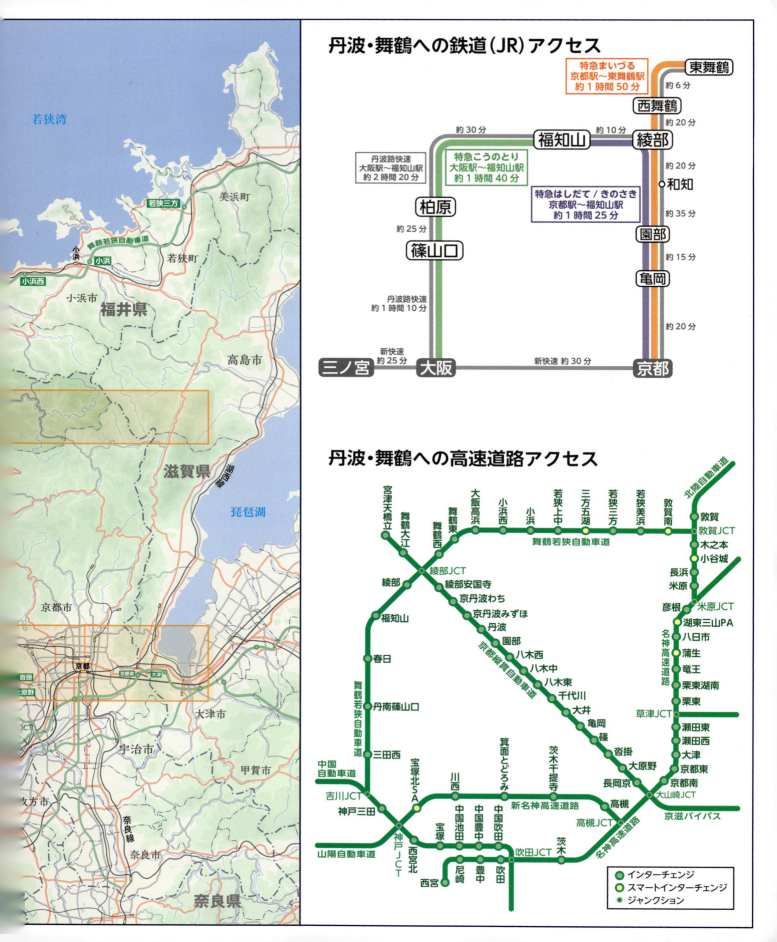

巻頭 明智光秀 特集

本能寺の変を起こし、主君を自害に追い込み、激動の時代を駆け抜けた明智光秀とは…。

旭堂小南陵

| 講談師・五代目 |
旭堂小南陵（きょくどうこなんりょう）

2001年 旭堂小南陵（現四代目/旭堂南陵）に入門。OL・俳優を経て講談師に。2015年、文化庁芸術祭新人賞受賞。翌年五代目旭堂小南陵襲名。2019年、大阪市此花区に講談を中心とした劇場「此花千鳥亭」をオープン。古典・新作講談はもちろん、講演・司会・舞台・大道芸等で活躍。

講談 明智光秀物語

寄席演芸のひとつである「講談」は、講談師が張り扇（せん）で釈台を叩きながら、臨場感あふれる話術で観客を引き込みます。「講釈師見てきたような嘘をつき」と言われるように、嘘かまことか、それは聞き手が自由に想像すればよいこと。さて今回は、謎多き武将明智光秀の物語を、旭堂小南陵さんに披露していただきます。

時は戦国。

「我こそが天下を統一せん！」

諸国、諸大名たちの力が拮抗する中。一瞬の選択肢がその後の明暗を天と地ほど分けてしまう、そんな運命のいたずらの如きどんでん返しが、数えきれないほど繰り広げられておりました。

織田信長の父・信秀の死後、

「ああ、後継となった信長殿は、うつけじゃ、阿呆じゃと陰口の絶えぬようなお人。もうこれで尾張、

明智光秀［特集］

　織田家も終わりじゃ「尾張」と「終わり」、シャレではございません。

　織田信長が主となったその時、多くの者たちは、このまま戦乱の世の勢いの中で織田は滅亡するに違いないと震え上がったのでございます。しかし皆さまがご存知の通り。信長は身分の上下に関係なく多くの者を重用し、自らが信じるもの、良いと思うことをいち早く取り入れて古い慣習にとらわれず、尾張の小さな国から勢いよく乗り出して、天下にその名を轟かせはじめたのです。

　そんな織田信長の奇抜かつ僅かな隙に勝機を見出すような戦の中で、大きな頼みとなったふたりの武将。

　ひとりは木下藤吉郎。後に天下人、太閤・豊臣秀吉となる男。そしてもうひとり。次々と驚くべき知力、武力、惜しみない努力を発揮し、織田信長の信用を得た、明智光秀。土岐源氏の末裔と自称してはいるものの、その出自は定かではなく、後にすべて虚言に違いないという説まで出たという。日本歴史上、もっとも評価が分かれる人物！…というのは言い過ぎでしょうか。

　しかしながら、多くの戦で勇猛果敢に勝利を手にしていることや、知力をつくして人の間をとりもつようなエピソードが多く残っていることを思えば、しっかりとした教育、訓練を受けたか、あるいは血の滲むような努力でその才能を伸ばしたか、いずれにしても実に頭が良く、有能な人物であったことは間違いないと言えましょう。

　「此度は、福智山の城が完成したとか。まこと、めでとうござるな」

　人懐っこい笑顔で光秀に近寄ってきたのは、羽柴秀吉。

　織田軍の足軽から始め、木下藤吉郎と名乗っていたこの男も、今では羽柴筑前守と任官しこの通りの明智殿、御身のその聡明さがあれば、天下統一も夢ではござりますまいな」

　羽柴秀吉、光秀の後の命運を知ってか知らずか、決して「織田家による天下統一」とは言わなかった。曖昧に、「天下統一も夢ではない」と、人たらしと評判の笑顔で言ってのけた。わざとでなければ、光秀は自ら一瞬の選択肢を誤ったとも言える。

　秀吉は、光秀の性格を知り尽くし、着々と準備を整えていたとも言えようし、わざとでなければ、光秀は自ら一瞬の選択肢を誤ったとも言える。

　「まだまだ、これからでござる。主たるもの領民のために最善をつくし、その地に活気を与えるのがつとめ。私もまだ丹波の地を任せられたばかりで、領民たちも、今度の領主はどんな奴であろうかと様子見をしているところでございましょう」

　「確かに。民も、抗戦続きの戦では気が休まる間もありませんわなぁ。はよう、天下統一を成し遂げて、皆が安心して暮らせるようにしてやらんと」

　「天下統一…」

　やがて迎えた天正十年。光秀が治める丹波の地は、以前よりずっと豊かになり、戦乱の世にあっても、光秀は戦のみに傾倒するわけでなく、人々の声を大事にし続けておりました。自ずと、「せっかく活気づいた丹波の地が、いつ何時、再び戦に巻き込まれるやもしれぬ、それが不安で仕方が

ない」と、民衆の切実な声も耳に入ってくる。

「明智様。いやぁ、ほんまに、あんたが領主になってくれたおかげで丹波の地が住みやすうなった、明るうなったと、皆が感謝しとります。川をつけかえてくれはったおかげで、大雨でも安心して過ごせます。それだけやない、身分関係なしにとりたててもろうて、そではないような仕組みまで作ってくれはって、ほんまに頭も心根もええお人やて」

「いや、信長公の楽市楽座をはじめ、ご主君を手本にしておるところが多いのだ。なにも、わしが考え出したわけではなく…」

「ああ…信長はん…」

「これ、わしのことを明智様と呼んで信長公を信長はん、それは聞きずてならんぞ」

「そう言われましてもなぁ。明智様には心から感謝しとりますけど、あのお人は…。ええ噂ひとつも聞きまへんな。人を人とも思わんような、無慈悲な戦ばっかりしるという話や。前の戦のあと、この土地を織田が治めるちゅうて聞いてたときには、もう、生きた心地もせんかった。せやけど、明智様、あんたが来てくれはってホンマに良かった。こんな戦、あんたが終わらして、どこもかしこもあんたが治めてくれはったら、みんな安心して楽しゅう暮らせるやろうに」

確かに。この先もまだまだ各地で戦は続くだろう。明日はどの地が戦火に見舞われるかわからないのが日常。

信長公は、女、子ど

光秀、押し寄せる「ひとつの考え」をグッとおさえる。

「信長公は、瓦礫（がれき）のように落ちぶれていたわしを見出して、分け隔てなく、その功績のみで判断し重く用いてくださった。手本となるところも山ほどあるのだ。わしにとっては大事な主君。かようなことは言わんでくれ、あくまで誠実な家臣の姿を貫いてみせた。

天正十年三月、かつて最強ともうたわれた武田家が、とうとう織田によって滅ぼされる。

「ああ…もし、あと五年、いや一年でも信玄公がご存命であれば、

武田は滅びるどころか天下に王手をかけていたやもしれぬものを」流され流されて織田信長につかえるものの、思いを巡らせぬにはいられない。これから中国地方へと攻めこむことになる。戦向きによっては、この京都は手薄になることだろう。

突如、信玄公を喪った武田家のように、もし今、信長がいなくなったら、織田は果たしてどうなる？この年の五月、光秀は、時間をかけて準備を整えた大事な接待を無理にきりあげさせられ、援軍を命じられた。

毛利を相手に備中高松の城で膠着状態にある秀吉の元に駆けつけろという。近頃、信長は外交においても戦においても、光秀よりも秀吉を優先する。民たちに名君と慕われる自分よりも、秀吉を。

「…かしこまりましてございます」

出陣前、光秀は京の愛宕神社に参詣し、愛宕山の連歌会にて、

「ときは今 あめが下しる 五月かな」

明智光秀［特集］

秀吉の中国大返しマップ

備中高松城　[秀吉×毛利]
本能寺の変　[光秀×信長]
山崎の合戦　[光秀×秀吉]
岡山・姫路・神戸・大阪・京都
小豆島・淡路島

約200kmを8日ほどで踏破したとされる。

　土岐源氏の末裔である自らが、「あめ」の下、すなわち「天下」をとる、謀反の意を固めたという説のある、この句を残したのでございます。
　信長は僅かな人数で、本能寺に宿をおいた。
　天正十年六月一日。

　翌六月二日早朝、明智光秀、出陣。
「敵は本能寺にあり！」
　つき従う大軍に向かい、とは言うてないとは思いますけど、山崎表にてやっての中国大返しをやっての秀吉との決戦に及ぶという、「山崎の合戦」もまことに面白いお話でございますし、この山崎の合戦の後に明智光秀は生き延びて、南光坊天海として徳川につかえたという実に夢のあるお話もございますが、これらの続きはまたの機会のお楽しみと致しまして…。

　秀吉の援軍に向かうはずの兵を率いて本能寺の信長を討つべく乗り出した。兵たちの困惑をよそに、光秀は自らの天下統一を信じて攻め立てる。

「なんや、これ、どうなってるんや」
「わからん、なんでこんなことになってるんや」
「本能寺が…本能寺が燃えてる…。信長公がいてはるんちゃうんか…」
　紅蓮の焔に染まる京の空、あわてふためく町衆。信長は自ら本能寺に火を放ち、腹かっさばいて相果てたという…。

　こうして、光秀は「天下人」でなく、「逆賊」に仕立てられたのであります。

　この後、苦戦の真っ只中であった

　光秀がいかに領民に慕われたか。只今でも、その名残は福知山を訪れていただけば至るところで見てとることができます。福知山伝統の福知山音頭の中では、
「明智光秀丹波を拡め　ひろめ丹波の福知山　お前見たかやお城の庭を今が桔梗の花ざかり」
と、時をこえて讃えられ続けており、明智光秀の定紋である桔梗。福知山市では、「更に吉」の願いが

込められたこの花を市の花とし、毎年、開花時期には福知山城下にて人々の心を和ませてくれます。
　果たして、光秀はどのような思いで本能寺へ向かったのか。日々研究が進み、次はどのような資料がひもとかれてゆくのか、どのような光秀像が描かれてゆくのか、目の離せない武将、明智光秀。いつかアッというような、どんでん返しがおこる日がくるかどうかは…時をこえてのお楽しみ！

光秀の足跡をたどる。

明智光秀ゆかりのスポット

光秀が信長から丹波平定を命じられたのは、1575(天正3)年の正月。翌月には現在の亀岡、丹波亀山に入り任務を遂行するが、すんなりとはいかず、1579年(天正7)年8月に黒井城、9月に最後の三尾山城の落城をもってようやく平定となった。しかし、それから3年を待たずに本能寺の変を起こす。光秀の丹波での8年間にせまるべく、ゆかりの地を訪ねてみよう。

G 唐櫃越（からとごえ）
明智光秀が本能寺に向けて進軍したとされるコースのひとつ。入口付近には山本城跡、如意寺がある。山本城跡は当時の石垣が残っている。

F 丹波亀山城のオオイチョウの木
丹波亀山城（跡）内の天守閣跡付近にある明智光秀が植えたとされるオオイチョウの木。

E 神藏寺の大賽銭箱
光秀は備中高松に向かうと見せかけ、ここから本能寺を目指した。その軍勢を見下ろしていた山桜が大樹となり、平成2年に有志によって賽銭箱に生まれ変わった。
📍京都府亀岡市薭田野町佐伯岩谷ノ内院ノ芝60 [MAP]P116 D-4

D サイカチの木
亀山城築城に際して、明智光秀が保津川沿岸に植えたとされるサイカチの木。

---

17 GUIDE 籾井城跡（もみいじょう）
📍兵庫県丹波篠山市福住字北山 [MAP]P30 F-3

18 GUIDE 八上城跡（やかみじょう）
📍兵庫県丹波篠山市八上上字高城山 [MAP]P30 D-3

丹波市観光協会 ☎0795-72-2340／丹波篠山観光協会 ☎079-506-1535

明智越。光秀軍が本能寺へ向かった3つのルート（他は唐櫃越、老の坂越）のひとつで、現在はハイキングコースになっている。

明智光秀［特集］

01 福知山城
住 京都府福知山市字内記5　[MAP]P87 B-4

02 御霊神社
住 京都府福知山市中ノ町238　[MAP]P87 B-3

03 光明寺 二王門
住 京都府綾部市睦寄町君尾1-1　[MAP]P86 D-1

04 玉雲寺
住 京都府船井郡京丹波町市森滝見9　[MAP]P86 D-3

05 大福光寺
住 京都府船井郡京丹波町下山岩ノ上22
[MAP]P86 D-3

06 八木城跡
住 京都府南丹市八木町本郷　[MAP]P86 D-4

07 篠村八幡宮
住 京都府亀岡市篠町篠上中筋45-1
[MAP]P86 E-4

08 丹波亀山城跡
住 京都府亀岡市荒塚町
[MAP]P86 F-3

09 千手寺砦跡（千手寺）
住 京都府亀岡市薭田野町鹿谷
[MAP]P86 D-4

10 神尾山城跡（金輪寺）
住 京都府亀岡市宮前町宮川
[MAP]P86 D-4

11 丸岡城（余部城）跡（西岸寺）
住 京都府亀岡市余部町古城39
[MAP]P86 E-2

12 谷性寺（光秀寺）
住 京都府亀岡市宮前町猪倉土山39
[MAP]P86 D-4

13 黒井城跡
住 兵庫県丹波市春日町黒井
[MAP]P68 C-3

14 興禅寺
住 兵庫県丹波市春日町黒井2263
[MAP]P68 C-3

15 八幡山城跡（柏原八幡宮）
住 兵庫県丹波市柏原町柏原（八幡神社）
[MAP]P70 B-1

16 金山城跡
住 兵庫県丹波篠山市追入字大乗寺
[MAP]P31 A-2

福知山観光協会 ☎0773-22-2228 ／ 京丹波町観光協会 ☎0771-89-1717 ／ 南丹市観光交流室 ☎0771-68-0050 ／ 亀岡市観光協会 ☎0771-22-0691

A 丹波の国衆「内藤如安」
安土桃山時代の武将。如安は洗礼名ジョアンに由来する。元丹波八木城主であり、キリシタン大名でもあった。

B 丹波に残る明智の桔梗紋
現在に残る明智桔梗。明智光秀ゆかりの遺構には、桔梗紋が刻まれたものがある。谷性寺には、境内に移築された明智山門と表門上部に明智桔梗が残る。

C 太田桔梗の酒桶
大石酒造に伝わる酒桶。酒造所自体は江戸時代の創業であり、明智光秀が活躍した年代とは異なる。

ゆかりの地 GUIDE 01 福知山城（ふくちやまじょう）

丹波平定に成功した光秀が丹波の拠点として築き、1600（慶長5）年頃に完成した。明治初めの廃城令で取り壊されたが、1986（昭和61）年に三層四階の天守閣を再建し、光秀ゆかりの品などを多数展示。
→P88にも関連記事

ゆかりの地 GUIDE 02 御霊神社（ごりょうじんじゃ）

光秀を祀る神社として知られ、光秀直筆の書状や家中軍法など、光秀に関わる資料が伝え残されている。また、祈ると願いが叶うといわれている叶え石（かなえいし）があり、パワースポットとして訪れる人も多い。

ゆかりの地 GUIDE 03 光明寺 二王門（こうみょうじ におうもん）

聖徳太子の創建と伝わる寺。二王門は1248（宝治2）年に建立された。明智光秀が寺に攻め入り、本堂などが焼失したが、二王門だけが残った。京都府北部の建造物で唯一の国宝となっている。
→P101にも関連記事

ゆかりの地 GUIDE 04 玉雲寺（ぎょくうんじ）

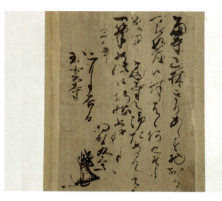

丹波屈指の曹洞宗の禅寺。明智光秀の攻撃によって寺の建物や宝物のほとんどが焼失した。現在の寺は光秀が、開祖太容梵清禅師（たいようぼんせい）の道徳を尊崇し、再興したもの。明智の名を与えた家来から寺にあてた古文書がある。

ゆかりの地 GUIDE 05 大福光寺（だいふくこうじ）

真言宗の寺。明智光秀の丹波攻めの際に兵火に遭い、多くのお堂が焼失。国の重要文化財である本堂（毘沙門堂）と多宝塔は今も残る。寺宝には鴨長明の「方丈記」の日本最古の写本などがある。足利尊氏ゆかりの寺でもある。

ゆかりの地 GUIDE 06 八木城跡（やぎじょう）

黒井城、八上城とともに丹波国三大城郭のひとつ。城は光秀の丹波侵攻により没落したが、現在は石垣の一部や曲輪跡が山頂部・尾根づたいや谷間にも残る。丹波守護代内藤氏の居城であったが不明な点も多い。

巻頭 明智光秀［特集］

08 ゆかりの地 GUIDE
丹波亀山城跡（たんばかめやまじょう）

光秀が1577（天正5）年頃に築城。本格的な城下町の整備と領国経営に着手したが、その数年後に本能寺の変が起こる。1610（慶長15）年、岡部長盛の時代に城郭・城下町がほぼ完備された。
→P114にも関連記事

07 ゆかりの地 GUIDE
篠村八幡宮（しのむらはちまんぐう）

本能寺に向けて丹波亀山城から出発した明智13,000人の軍勢がここに集結したとされている。足利尊氏が鎌倉幕府を倒す際に必勝祈願に訪れ、挙兵した地でもあり、足利政権の下で繁栄した。

10 ゆかりの地 GUIDE
神尾山城跡（かんのおさんじょう）（金輪寺）

1579（天正7）年、八上城主・波多野秀治・秀尚兄弟が光秀に降伏した後、八上城からこの城に一時的に連れてこられたとされる。その後、波多野兄弟は安土の浄巌院慈恩寺で処刑される。

09 ゆかりの地 GUIDE
千手寺砦跡（せんじゅじとりであと）（千手寺）

光秀が、内藤備前守を城主とする八木城攻略の拠点として隣接する千手寺を砦としたとされている。

12 ゆかりの地 GUIDE
谷性寺（こくしょうじ）（光秀寺）

光秀寺ともいわれ、明智家の家紋である桔梗が初夏に咲くことから「桔梗寺」とも。光秀の首塚が祀られ、命日とされる6月14日には回向が行われる。また5月3日の亀岡光秀まつりではここで追善供養が行われる。

11 ゆかりの地 GUIDE
丸岡城（まるおかじょう）（余部城）跡（西岸寺）

明智軍侵攻に伴い、多くの諸侯が城を捨てて逃げたが、余部城の福井因幡守貞政は籠城し、抵抗。光秀は何度か攻め入り、ついに貞政は自害した。その後、光秀は八上城も攻め落とし、丹波平定を果たした。

13 ゆかりの地 GUIDE
黒井城跡（くろいじょう）

築城は1335（建武2）年頃とされる。その後城主となった赤井直正は、「丹波の赤鬼」として名を馳せた名武将。八上城波多野氏とともに西丹波を制圧したが、数年後に病死。黒井城を落とした光秀は、斎藤利三を城主にした。春日町黒井の北方にそびえる城山山上を中心とした城郭跡である。

14 ゆかりの地 GUIDE
興禅寺（こうぜんじ）

光秀の重臣で黒井城主・斎藤利三の娘、お福（春日局）が生まれ育ったとされる。のちに徳川三代将軍・家光の乳母となった。「春日局」の名は、春日の地で生まれたことに由来する。

15 ゆかりの地 GUIDE
八幡山城跡（はちまんやまじょう）（柏原八幡宮）

光秀が丹波侵攻の際に築いたとされるが、昭和50年代に正式に存在が確認されるまでは、名前すらない城跡だった。現在は柏原八幡宮の境内となっている。
→P74にも関連記事

16 ゆかりの地 GUIDE
金山城跡（きんざんじょう）

光秀が丹波攻めの際、氷上郡の黒井城（赤井氏）と多紀郡の八上城（波多野氏）を連携させまいと、その中間地点の山頂に築城した。この作戦が成功し、波多野氏は滅亡した。光秀が築いたとされる石垣も残っている。

17 ゆかりの地 GUIDE
籾井城跡（もみいじょう）

福住のまちを見下ろす白尾山に籾井教業（のりなり）が築いた城。光秀の丹波侵攻により敗れ、落城した。籾井氏は波多野秀治に属し、「丹波の青鬼」とも呼ばれた。

18 ゆかりの地 GUIDE
八上城跡（やかみじょう）

戦国時代に多紀郡一円を支配した波多野氏が本拠とする巨大山城。高城山の上に城塞化された八上城は難攻不落であったが、光秀の丹波攻めにより1579（天正7）年、ついに落城。今も曲輪や石垣などが残っている。

光秀にちなんだ土産物紹介

明智光秀ブームにのって、それぞれの店がオリジナルの光秀関連グッズやお菓子などを販売。お土産におすすめ！

秀でて光るマドレーヌ／200円［税込］
ココで買える カフェ＆ケーキ 明智茶屋（福知山）ほか

光秀の名前にちなんだユニークなネーミングのマドレーヌは、丹波の黒豆が入って、甘さは控えめ。
→P92にも関連記事

鉄砲名人光秀君カップ酒／300円
ココで買える 東和酒造（福知山）ほか

地酒、福知三萬二千石のカップ酒に、かわいい光秀キャラクターが登場。
→P25、95にも関連記事

光秀揚げパン／300円［税込］
ココで買える 揚げパン専門店 age bunbun（福知山）

お茶を好んだ光秀にちなんで、緑茶と玉露の茶葉を練り込んだあんとお餅入り。
→P89にも関連記事

踊せんべい明智光秀バージョン／1袋150円、1箱（6袋入）1,000円
ココで買える 千切屋（福知山）、福知山市観光協会 ほか

玉子せんべいに福知山在住のイラストレーターが描いたキュートな光秀が。
→P93にも関連記事

翁鶴 明智越 500ml／1,500円［税込］
ココで買える 大石酒造、亀岡観光案内所 ほか

亀岡保津から愛宕、京都の嵯峨につながる道、「明智越」をイメージした淡麗辛口。
→P25、117にも関連記事

光秀パフェ／1,100円
ココで買える POPO CLUB（亀岡）

鈴カステラや八つ橋で甲冑姿の光秀を作り、10種類以上のフルーツやお菓子を盛りつけた。
→P118にも関連記事

武将名刺／300円
ココで買える 福知山観光案内所、亀岡観光案内所 ほか

表に名前、裏には光秀が詠んだ句を記した名刺。信長や秀吉もある。

光秀黒豆せんべい／537円
ココで買える 亀岡観光案内所 ほか

黒大豆を生地に練り込んだ、昔なつかしい素朴な味のせんべい。

光秀シリーズ手ぬぐい／1,200円
ココで買える 亀岡観光案内所 ほか

亀山城下の地図を描いた手ぬぐいは、額に入れて飾ってもおしゃれ。

藍染 フリークロス／2,000円
トートバック（中）／2,500円
ココで買える 亀岡観光案内所 ほか

亀岡市保津で栽培した希少な藍で染め、仕立てたもの。桔梗模様がおしゃれ。

福知山観光案内所 ☎0773-22-2228
京都府福知山市駅前町439（JR福知山駅北口） ［MAP］P87 A-4

亀岡観光案内所 ☎0771-22-0691
京都府亀岡市追分町谷筋1-6（JR亀岡駅2階） ［MAP］P86 F-3

各地域の土産物店でも光秀グッズを探してみよう。

明智光秀と丹波
──八上城と城下町を訪ねる

三重大学教育学部・大学院地域イノベーション学研究科 教授／藤田達生

篠山城跡（丹波篠山市）から見た高城山（標高四五九メートル）は、別名・丹波富士とよばれるぐらい美しい。ここには、丹波を代表する戦国大名・波多野氏の居城八上城（丹波篠山市）があった。波多野氏は、管領細川氏の内衆（重臣）であり、秀忠の代には三好長慶と肩を並べるぐらい中央の政治にも影響力をもち、天正三（一五七五）年から始まる明智光秀の丹波攻めにおいて、もっとも抵抗した大名であった。

この城郭と城下町の全貌が判明したのは、意外にもわずか二十年程前のことである（八上城研究会編『戦国・織豊期城郭論』を参照されたい）。この調査に関わった者の一人として、八上城跡をご案内しよう。

城跡を見学するには、高城山麓の春日神社から城跡に入り（写真1）、主膳屋敷跡（写真2）から山

（写真1）春日神社内の登山口

高城山

八上城・城下町 地図

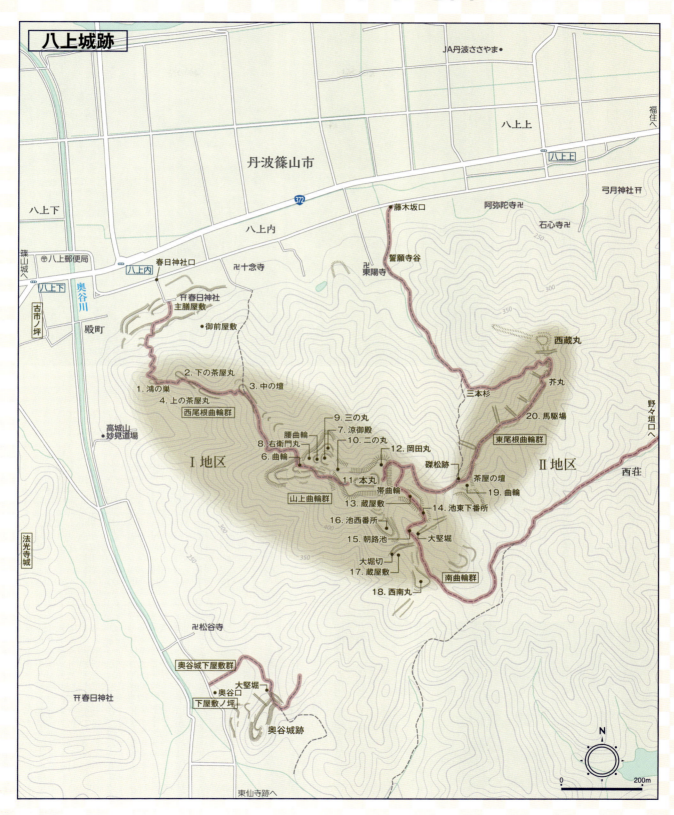

上の本丸跡をめざす。登山道を登ると、すぐにいくつかの小規模な曲輪（削平された陣地）に到達するが、ここでは堀切より上位の曲輪群に注目する。縄張図ではⅠ地区としたが、ここからは石垣遺構がみられ、各曲輪が比較的大規模で相互に緊密な一体感をもっているからである。なお、ご紹介する曲輪名は伝承名であることをお断りしておきたい。

曲輪【6】は、分岐路にあたる曲輪である。左手に進めば、涼御殿【7】とその下の曲輪に向かい、いわれる岡田丸【12】がある。本丸の北側一段下には、波多野氏の家臣とされる岡田氏の屋敷跡と

(写真2) 主膳屋敷跡

ると総石垣であったと推測される。本丸は、東西四五メートル・南北二四メートルのほぼ矩形である。虎口付近に石垣が残っている（写真5）が、戦前の絵はがきなどを参照すると総石垣であったと推測される。本丸へは、二の丸北東部の門跡を通って到達するが、北側奥が、虎口であったと判断される。本丸虎口へは、左側からしか進入できない。右側は、一段高くして進入を不可能としているからである。しかしその虎口【4】が正面にみえる。

二の丸は、東西三〇メートル・南北二二メートルの規模で、ここからは、いよいよ本丸【11】（写真6）がある。残存状況もよいし、ダイナミックな遺構群である。落城の際に身を投げたという朝路姫（波多野秀治の娘）の伝承をもつこの池は、石垣で築造された城内最大の貯水施設だった。

右手に進めば、三段の曲輪が存在する。直進すれば、石垣遺構のみられる右衛門丸【8】（写真3）をはじめとする三段の曲輪の南端を抜け、二の丸【10】の左右二個の礎石が残る門跡に至る。三の丸【9】は、東西三〇メートル・南北一三メートルの規模で、ここからは礎石や瓦・丹波焼壺破片・碁石などが発見され、生活痕が確認されている。

本丸から東に下りると、蔵屋敷【13】と池東下番所【14】が続く。両者の東側に土塁が良好に残存する。この下に通称「鏡岩」と堀切があり、下ると朝路池【15】（写真6）がある。残存状況もよいし、ダイナミックな遺構群である。

ここまで到達したみなさんは、十分に満足感に浸るであろうが、引き返してもらってはもったいない。背後や尾根筋に「お宝遺構」が待っているのでご紹介しよう。

(写真3) 石垣遺構が見られる右衛門丸

巻頭 明智光秀［特集］

北の尾根上に、全長二二〇メートル、幅九メートルで馬駆場〔20〕とよばれる細長い平坦かつ直線的な遺構が存在する。おそらく城域の東端に位置する芥丸や西蔵丸からの情報を、本丸へと伝えるための通路として機能していたのであろう。

Ⅱ地区は、小規模な竪堀が、確実なもので六条確認されるのみで、各曲輪には土塁がみられず削平も甘いものが多い。しかし京都方面からの勢力を監視するには絶好の位置にあり、本丸へも見通しがよくきく。光秀との合戦によって拡張された部分と考えてよいであろう。山上遺構が八上城のすべてかといえば、そうではない。時間が許せば、西接する奥谷にもぜひ足を運んでほしい。ここは、波多野氏が戦国大名となる前の拠点、奥谷城と城下町が営まれていたからである。（写真7）

奥谷の内部（写真8）には、奥谷城と城主屋敷や直臣団の屋敷群、その周辺に重臣屋敷と東仙寺・法光寺などの波多野氏と縁の深い寺院が点在していた。また、谷の入り口には通称「古市ノ坪」がある。文安年間（一四四四〜四九年）には、ここに市が立ち、荘園研究で

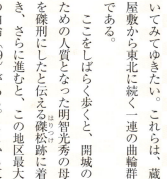
（写真4）本丸跡

（写真5）本丸切岸に残る石垣跡

引き続きⅡ地区の主要曲輪についてみてゆきたい。これらは、蔵屋敷から東北に続く一連の曲輪群である。

ここをしばらく歩くと、開城のための人質となった明智光秀の母を磔刑にしたと伝える磔松跡にゆき、さらに進むと、この地区最大の曲輪〔19〕がある。ここから東

（写真6）朝路池

（写真7）左／奥谷城跡、右／八上城跡

（写真8）奥谷城跡

は有名な東寺領大山荘（丹波篠山市）などの近隣の荘園の人々が訪れて賑わう、多紀郡の流通の中心地だった。

波多野氏の戦国大名化に伴って、城郭の中心は奥谷城から高城山の城郭へ、城下町は奥谷城周辺の直臣屋敷群からなる城下集落から、直臣団屋敷群を中心に重臣屋敷・寺院・商工業者居住区で構成される城下町へと奥谷内部で拡大していった。

光秀は、八上城攻撃にあたって周辺に付城群を構築して攻撃した。当時の攻城戦は、敵城を取り巻くように付城群を築き、付城相互を土塁で結ぶ大規模な土木工事にな

っていたのである。これを付城戦とよぶが、現在も八上城を取り囲むように十三カ所の遺構が確認されている。

　天正七年六月、波多野秀治ら三兄弟は、光秀の投降勧告を受諾して降伏した。光秀は、降伏した波多野氏らの命の保証を約束するため、自身の母を人質として八上城に入城させ、波多野氏を伴って信長の本拠地、安土城に向かった。光秀としても、講和の成算はあったのだろう。

　しかし信長は、波多野秀治を許さず処刑してしまったため、光秀の母は八上城の城兵によって殺害されてしまったという。ちなみに、読本の『絵本太功記』の挿絵（岡田玉山「八上の城兵光秀が老母を斬罪する図」）には、無残にも光秀の母が城内の松の大木に高々と吊されたシーンが描かれている。

　信長の側近・太田牛一による信長の一代記『信長公記』には、一五七九（天正七）年六月に波多野秀治は弟の秀尚ら兄弟三人が、調略をもって光秀らに捕らえられて安土城に送られ、信長の命令で安土の浄巌院の町はずれで磔に処されたと記されているが、光秀の母に関する記述はない。

　これをもって丹波波多野氏は滅亡した。なお、本合戦における戦死者を弔うための首塚が、現在も八上城下町にほど近い弓月神社（丹波篠山市）の北方に残存する。現在の八上城の遺構は、波多野氏の城郭をベースにしつつ、同氏が滅亡した後に光秀が城代とした明智光安（光秀の従兄弟）や、その後に入城した前田茂勝の城郭の段階に改修した時の状況を示すものである。

　このように、八上城跡からは戦国期城郭から織豊期城郭への移り変わりを体感できるのである。篠山城も含めると、丹波篠山市には中世から近世への城郭の変容を示す、全国的にも珍しい重要史跡が集中していることがわかる。みなさんには、篠山城跡だけではなく八上城周辺の散策もあわせてお勧めしたい。

八上城からの景色

登山の注意点

整備されていない道があるため、入山するときには自己責任で、しっかり事前準備を行い、以下のことに注意して登ろう。

注意❶ 体調や天候を十分に考慮する

注意❷ 登山用の靴、長袖長ズボン、帽子を着用する

注意❸ レインコートや医薬品（傷薬、下痢止めなど）、虫よけや絆創膏の準備を

注意❹ ひとりで登らない　ほか

取材・写真協力：播磨屋（家紋World）

明智光秀[特集]

明智光秀 推定略年表

1528／享禄元年	美濃国(岐阜県南部)に生まれる。※1516年誕生など諸説あり
1556／弘治2年	父 光綱没後、家督を相続するが、斎藤道三と争い始めた斎藤義龍に明智城を攻められ、一家は離散。浪人となるが、後に越前一乗谷の朝倉義景の家臣となる。
1566／永禄9年	加賀一向一揆での鉄砲隊を巧みに操る戦術が認められ、織田信長に仕えることになる。
1570／元亀元年	光秀の奔走により、信長と将軍足利義昭の和睦が成立。光秀は近江国の宇佐山城主に任命され、5万石の大名となり、坂本城の築城を開始する。
1571／元亀2年	信長が延暦寺を焼き討ち。光秀は信長に従い、浅井長政を攻め、朝倉義景を滅ぼす。
1572／元亀3年	坂本城完成。
1575／天正3年	1月、信長より丹波平定を命じられる。11月、丹波の赤鬼と称される赤井直正の黒井城を包囲する。
1576／天正4年	波多野秀治の謀反により、黒井城から退却。
1577／天正5年	丹波亀山城の築城を開始する。
1578／天正6年	四月、園部城を落城。8月に大山城、余田城を落城。9月、苦戦を強いられている八上城と黒井城を分断するために金山城築城開始。この年、三女の玉が細川忠興に嫁ぐ(のちの細川ガラシャ)。
1579／天正7年	5月に八百里城、6月に八上城と丹波八木城、8月に黒井城を落城。9月には丹波攻め最後の城、三尾山城を落とす。福知山城の築城が始まる。
1580／天正8年	石山本願寺との和睦をとりつけた功績により、信長から丹波(29万石)を領国として与えられる。
1582／天正10年	6月、光秀は京都 本能寺で信長を、二条御所で信忠を討つ(本能寺の変)。11日後、秀吉に山崎の合戦で敗れ、敗走中に山科の小栗栖で落ち武者狩りの農民に討たれる。その後、亀山城、坂本城が陥落し、明智家は滅亡。

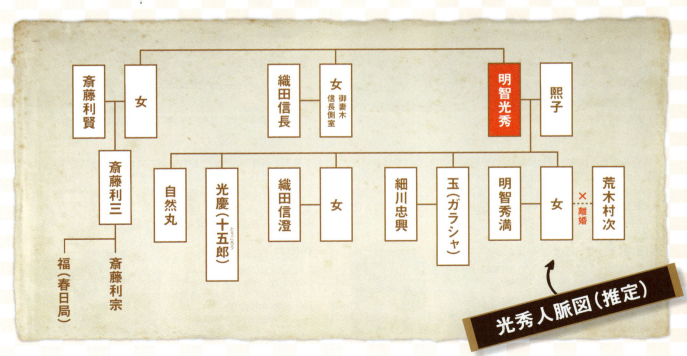

光秀人脈図(推定)

ぬくぬく温泉
露天風呂のある

湯船につかりながら木々の香りや吹く風に季節を感じられる露天風呂。癒やしの名湯で至福の時間を。

併設レストラン「御蕎麦切処 山葵」では、綾部・夜久野産蕎麦を使用した香り高いざる蕎麦を

美しい眺望と心地よい檜の香りに癒やされる

天然温泉施設「福泉源湯」を備え、檜をふんだんに使用した露天風呂をはじめ、内湯や独立型サウナ、水風呂で心ゆくまでリラックス。泉質はナトリウム・カルシウム塩化物泉の療養泉で、神経痛や筋肉痛、疲労回復に効果があるといわれる。ホテルは小高い丘の上に建ち、ティーラウンジ「花葡萄」からは緑豊かな福知山の自然も臨める。

ホテルロイヤルヒル福知山＆スパ
温泉 宿泊

¥宿泊(素泊まり、1名1室)7,800円～、[日帰り]入浴料／大人700円、小人350円[税込]
☎0773-27-6000
住京都府福知山市字長田小字宿81-13
営IN15:00、OUT10:00 休なし Pあり
[MAP] P87 B-2 →P95にも関連記事

露天風呂は檜の香りに包まれ、体の芯からくつろげる

冬も快適に利用できる畳敷きの大浴場

滋味豊かな旬菜を心ゆくまで味わう

懐かしさと新しさを併せ持った、湯の花温泉の宿。四季の移ろいを感じられる岩風呂露天風呂はもちろん、一番のおすすめは、里山の恵みあふれる滋味豊かな夕食。「石窯ダイニングはなり」では、素材の旨みを極限に高める石窯料理の数々を、「里山ダイニング大地」では、自家農園からの野菜バイキングを楽しめる。

里山の休日・京都・烟河
温泉 宿泊

¥[日帰り]入浴料／大人700円、小人500円[税込] 1泊2食付12,900円～ ☎0771-26-2345
住京都府亀岡市本梅町平松泥ヶ渕1-1
営IN15:00、OUT10:00
休年に数回の点検休館日あり Pあり
[MAP] P86 D-4

素材の旨みを生かした「石窯ダイニングはなり」

丹波牛、市場直送の鮮魚、松茸、朝どれ野菜などを使った「京風会席」

開放的で贅沢な空間で湯めぐり

京都の奥座敷、湯の花温泉の「湯あそび処」のある宿。湯上り処には能舞台が設けられて豪華な雰囲気。男女風呂とも滝の水しぶきと川のせせらぎを感じる露天風呂やひのき風呂、薬湯などで、くつろぐことができる。厳選食材を生かした季節の料理がオールシーズンあり、冬場は自家製赤味噌仕立ての「ぼたん鍋」が名物だ。

松園荘 保津川亭
温泉 宿泊

¥1泊2食付22,000円～
☎0771-22-0903
住京都府亀岡市薭田野町芦ノ山流田1-4
営IN15:00、OUT10:00
休なし Pあり [MAP] P86 D-4

緑に囲まれた岩の露天風呂

旬替わりの本格会席など、季節ごとに旬の恵みをじっくり味わう宿泊プランも充実

落ち着いた雰囲気の「こぶし荘 花あかり」。露天風呂付きの貸切風呂でリラックス

バラエティー豊かな温泉をまるごと堪能

　広々とした大浴場は、疲れを癒やすラジウムをたっぷりと含んだ放射能泉。水着着用のバーデゾーンは露天風呂やジャグジー、打たせ湯や4種のサウナなど幅広く。年中利用できる温泉プールの他、岩盤浴やランタンテラスといったリラクゼーション施設も好評だ。また、純和風旅館「こぶし荘 花あかり」は檜風呂やトルマリン風呂など、趣きのある貸切風呂(宿泊客のみ利用可)を完備。家族やカップルで贅沢なひとときをぜひ。

京都るり渓温泉 for REST RESORT　温泉 宿泊 体験

- [日帰り]全館入浴プラン(大浴場+水着着用エリア+館内着着用エリアのすべて利用可):大人(中学生以上)平日1,500円／土日・祝日1,800円、小人(4歳〜小学生)平日1,000円／土日・祝日1,300円[税込]　※お気軽入浴プランもあり[宿泊]1泊2食付11,500円〜
- 0771-65-5001
- 京都府南丹市園部町大河内広谷1-14
- 入浴 7:00(宿泊客は6:00)〜24:00／IN14:00、OUT11:00
- なし　Pあり　[MAP]P86 D-4　→P106にも関連記事

開放感たっぷりの露天風呂は日暮れと共に幻想的な雰囲気に

ゆっくり過ごせるランタンテラス

いにしえから湯治客が集まる霊泉

　ラドンと鉄分を含む茶褐色の炭酸泉で、男湯は「赤鬼の湯」、女湯は「お福の湯」。どちらも春日町のシンボルである黒井城にまつわる歴史上のエピソードから名付けられた。趣のある庭園風の露天風呂から、四季の山々の表情が見られる。料理は自家製の野菜や米、山菜、コイなど、地元の山川の幸をふんだんに。

国領温泉 助七　温泉 宿泊

- [日帰り]ミニ会席3,300円(温泉付)　宿泊／平日1人15,000円(2名1室、1泊2食付)　入浴料／大人700円、小学生500円、3歳以上300円
- 0795-75-0010　兵庫県丹波市春日町国領206
- IN15:00、OUT10:00[温泉]11:00〜19:00
- 不定休　Pあり　[MAP]P68 C-3

日帰りの料理プランも予算に応じて

里山の風情を感じつつ、ゆったりお湯につかる

成分たっぷり！良泉な天然温泉でくつろぐ

　療養泉の基準値を大きく上回る溶存物質量の多い良泉で、泉質は炭酸水素塩泉。2019年3月にリニューアルし、露天風呂に「壺湯」を新設したほか、小石を敷き詰めて足つぼを刺激したり木製ベンチでリラックスできたり、より居心地よく過ごせるように。部屋の窓や露天風呂からは四季折々の風景が眺められ、時を忘れてくつろげる宿だ。

あやべ温泉 二王館　温泉 宿泊

- [日帰り]入浴料／大人500円、小学生以下250円[税込]宿泊(1泊2食付、1名1室)11,000円〜
- 0773-55-0262
- 京都府綾部市睦寄町在ノ向10
- IN15:00、OUT10:00　休なし　Pあり
- [MAP]P86 D-1　→P99にも関連記事

外の風が心地よい広い露天風呂

こんだ薬師温泉
ぬくもりの郷で
一日のんびり過ごそう

地下1,300mから湧き出る優れた泉質の湯を利用した施設。食事や買い物スポットも充実しているので、天然温泉を満喫したあとは、丸一日ゆっくりして日頃の疲れを癒そう。

源泉かけ流しの天然温泉

湯船や床に丹波焼を使用した大浴場「丹波焼陶板風呂」や、特産の丹波石を使った「丹波石岩風呂」といった特徴的な風呂のほか、広い露天風呂もあり、日帰り温泉を堪能できる。

こんだ薬師温泉 ぬくもりの郷 （こんだやくしおんせん ぬくもりのさと） 温泉 和食 買い物
- ¥大人(12歳以上)700円、小人(6～11歳)300円[税込]
- ☎079-590-3377
- 兵庫県丹波篠山市今田町今田新田21-10
- 営10:00～22:00(21:30受付終了)
- 休火曜(祝日は営業) Pあり [MAP]P30 E-1

揚げたてがカウンターに並ぶ

湯上りには座敷でリラックス

吹き抜けの広々とした空間で、うどんやそば、定食などの軽食が食べられる。座敷で足を伸ばして、体を休めよう。窓の外には緑の景色が広がり、心地よい時間が過ごせる。

ぬくもり亭（ぬくもりてい）
- ¥とろ玉うどん600円、天ぷら100円～
- 営11:00～21:00 休ぬくもりの郷と同じ

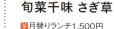
地元の野菜を使った弁当

地元野菜の創作レストラン

丹波篠山の旬の野菜や特産物を使用した創作料理の店。コース料理のほか、少しずついろんな料理が食べられる松花堂弁当も人気。レストランだけの利用もOK。

旬菜千味 さぎ草（しゅんなせんみ さぎそう）
- ¥月替りランチ1,500円
- 営11:30～15:00(14:30LO) 休月・火曜

農家が持ち込む野菜はひと味違う

朝どり野菜が買える直売所

近隣の農家から毎朝とれたて野菜が持ち込まれ、多くの客でにぎわう農産物直売所。野菜のほか、米や黒豆、生産者が手作りする黒豆味噌や餅などのほか、丹波焼の器も並ぶ。

こんだ旬菜市（こんだしゅんさいいち） 農
- 営10:00～17:00
- 休ぬくもりの郷と同じ

別館「農林水産加工棟」 10:00～17:00

丹波篠山産大豆の手作り豆腐

丹波篠山の大豆サチユタカと高知県室戸沖の海洋深層水のにがりだけを使用した豆腐。寄せ豆腐はイートインでおやつに。

手作り豆腐工房 夢豆腐（てづくりとうふこうぼう ゆめどうふ）☎079-597-3780

- ¥イートイン/寄せ豆腐100円、テイクアウト/丹波黒豆絹豆腐(350g)430円[税込]

丹波素材づくしのジェラート

丹波産牛乳と夢豆腐の豆乳、黒豆など地元素材をブレンドして作るジェラートはシングルでも2種盛り。

手作りアイス 和（てづくりあいす なごみ）

- ¥シングル300円。ダブル(2品大盛り)370円[税込]

地元食材でおふくろの味

丹波篠山の野菜を使って地元のお母さんたちが手作りする惣菜や弁当を販売。

さぎ草グループ（さぎそうぐるーぷ）☎080-1449-6486

- ¥行楽弁当600円、惣菜120円～[税込]

直売所 INDEX

兵庫県

丹波篠山市

<u>くろまめのやかた しんせんやさいいち</u>
黒豆の館 新鮮野菜市
☎079-590-8077 住丹波篠山市下板井511-2 営9:00～17:00 休火曜(祝日および手創り市の場合は翌日休)
[MAP]P31 B-2 →P60にも関連記事

<u>じぇいえーたんばささやま みどりかん</u>
JA丹波ささやま 味土里館
☎079-590-1185
住丹波篠山市東吹942-1
営10:00～18:00 休水曜
[MAP]P31 C-3

<u>こんだしゅんさいいち みのり</u>
こんだ旬菜市 農
☎079-590-3377
住丹波篠山市今田町今田新田21-10(今田薬師温泉 ぬくもりの郷内)
営10:00～17:00 休火曜(祝日は営業)
[MAP]P30 E-1

丹波市

<u>いちじまたんばたろう</u>
いちじま丹波太郎
☎0795-80-3750
住丹波市市島町上垣25-3
営9:00～17:30 休火曜
[MAP]P68 C-2

<u>みちのえき たんばおばあちゃんのさと</u>
道の駅 丹波おばあちゃんの里
☎0795-70-3001
住丹波市春日町七日市710
営8:30～18:00 休なし
[MAP]P68 C-3 →P84にも関連記事

<u>しんせんやさいちょくばいしょ むらいちば</u>
新鮮野菜直売所 夢楽市場
☎0795-87-2300
住丹波市青垣町西芦田541(道の駅「あおがき」内)
営8:00～16:00 休火曜
[MAP]P68 A-2

<u>あいさいかんおなざ</u>
愛菜館おなざ
☎0795-87-5240
住丹波市青垣町大名草759-1
営8:00～14:00 休月～金曜
[MAP]P68 A-2

<u>こうりゅうかいかん かどののさと</u>
交流会館 かどのの郷
☎0795-82-4224 住丹波市氷上町上新庄445-4 営8:30～17:00、食事処11:00～15:00 休水曜(祝日は営業、翌日休)、不定休あり [MAP]P68 A-3

<u>じぇいえーたんばひかみ とれたてやさいちょくばいしょ</u>
JA丹波ひかみ とれたて野菜直売所
☎0795-82-5130
住丹波市氷上町市辺440 JA丹波ひかみ本店前 営9:00～18:00
休なし [MAP]P68 B-3

<u>ひかみしきさいかん</u>
ひかみ四季菜館
☎0795-82-8766
住丹波市氷上町犬岡461-1
営7:00～18:30
休なし [MAP]P68 B-3

<u>ほうらいのさと</u>
蓬莱の郷
☎0795-82-8827
住丹波市氷上町佐野1402
営7:00～18:00 休なし
[MAP]P68 A-3

京都府

福知山市

<u>さとのえきみたけ</u>
里の駅みたけ
☎0773-33-3255
住福知山市字一ノ宮564
営8:30～16:30(平日は13:00まで)
休火曜 [MAP]P87 B-2

<u>みちのえき のうしょうのさとやくの こうげんいち</u>
道の駅 農匠の郷やくの 高原市
☎0773-38-0543
住福知山市夜久野町平野2149
営9:30～17:00
休毎月第3水曜 [MAP]P87 A-2

綾部市

<u>あやべとくさんかん</u>
あやべ特産館
☎0773-43-0811 住綾部市青野町あやべグンゼスクエア内 営9:00～17:00
休火曜(祝日は営業、翌日休)
[MAP]P86 F-1 →P97にも関連記事

船井郡京丹波町

<u>みちのえき きょうたんば あじむのさと</u>
道の駅 京丹波味夢の里
☎0771-89-2310
住船井郡京丹波町曽根深シノ65-1
営6:00～21:00 休なし
[MAP]P86 D-3 →P102にも関連記事

<u>みちのえき なごみ</u>
道の駅 和
☎0771-84-1008
住船井郡京丹波町坂原上モジリ11
営8:30～18:30 休不定休
[MAP]P86 D-2 →P103にも関連記事

南丹市

<u>みちのえき みやまふれあいひろば ふらっとみやま</u>
道の駅 美山ふれあい広場 ふらっと美山
☎0771-75-0190 住南丹市美山町安掛下23-2 営8:30～18:00(10～3月は17:00まで) 休1月～3月は水曜、4月～12月は第3水曜(8月・11月除く) [MAP]P86 E-2 →P109にも関連記事

<u>みちのえき すぷりんぐすひよし</u>
道の駅 スプリングスひよし
☎0771-72-1526 住南丹市日吉町中宮ノ向8 営9:30～18:00(季節により変動あり) 休水曜(祝日は営業、翌日休)
[MAP]P86 D-3

亀岡市

<u>なごみのさと あさひ</u>
なごみの里 あさひ
☎0771-25-7537
住亀岡市旭町仲田105
営9:00～17:00
休水曜 [MAP]P86 D-4

舞鶴市

<u>さいさいかん ひがしまいづるてん</u>
彩菜館 東舞鶴店
☎0773-65-3131
住舞鶴市字浜町10-1
営9:00～16:30
休なし [MAP]P119 C-4

<u>みちのえき まいづるこうとれとれせんたー</u>
道の駅 舞鶴港とれとれセンター
☎0773-75-6125
住舞鶴市下福井905
営9:00～18:00
休水曜
[MAP]P119 A-2

<u>ふるるまーけっと</u>
ふるるマーケット
☎0773-68-0233
住舞鶴市瀬崎60舞鶴ふるるファーム内
営9:00～16:00
休火曜 [MAP]P119 B-1

丹波の地酒
～山深く、水清く、旨し酒～

いにしえより日本各地で造られてきた地酒。先人たちが知恵を絞って、その土地の水と米で醸した酒は日本の文化ともいえ、世界からも注目されている。

美しい山々が連なる丹波地方。豊かな大地に降り注いだ雨水は、清らかな水となってこんこんと湧き出、川を流れる。この水で育った米を使って、古来、それぞれの町や村で酒造りが行われてきた。丹波の冷涼な気候は酒造りに適しており、秋にとれた新米を仕込んだ後、晩秋から冬の冷え込みが美味しい酒を醸す。

酒造りは米と水と気候、そしてアルコールを作る酵母の力が重要だ。これらすべてを管理するのが、杜氏と呼ばれる酒造りの責任者で、部下である蔵人をまとめて陣頭指揮をとる。杜氏や蔵人の多くは、米作りが終わった農閑期に地元や灘・伏見をはじめとする酒蔵に泊まり込んで酒造りを行っていた。この丹波にも多くの腕利きの杜氏がおり、丹波杜氏と呼ばれて全国で名酒を造っている。

丹波杜氏は、岩手の南部杜氏、新潟の越後杜氏と並ぶ三代杜氏のひとつで、灘の名酒を生み出した技術力で知られている。腕利きの杜氏たちがふだん地元丹波で飲む酒は、その厳しい目にさらされ、鍛えられ、ますますおいしい酒になる。

この地域には、地元の米を使って良い酒を醸す酒蔵がいくつもある。銘柄によっては他の地域にあまり出回らないものもあるので、ぜひ丹波で味わってみよう。

酒米の王者、山田錦で造る純米酒

ほとんど他の地域に出ていない酒の代表格が丹波篠山の「秀月」だ。初代は腕利きの丹波杜氏として他の地域の杜氏を指導していた人。大正時代に、現在の蔵がある波賀野の地形を見、ここなら良い水が出ると直感して井戸を掘った。なかなか思い通りの水は出なかったが、幾度か挑戦を繰り返してようやく探し出した水は、今もこんこんと湧き続けている。同じ水源の清らかな水で自家栽培する山田錦を使って丁寧に造る酒は、そのソフトな旨みが食中酒として料理の味を引き立てる。

かりばいちしゅぞう
狩場一酒造

¥ 純米生1,850円、純米大吟醸2,500円、月の氷室純米生2,250円[税込](720ml) ☎ 079-595-0040 兵庫県丹波篠山市波賀野500 ⏰10:00～19:00 休なし Pあり
[MAP]P31 B-4

国道372号バイパスから見た蔵

近年、新装した麹室

丹波篠山観光はここからスタート
観光情報・お土産物

大正ロマン館（たいしょうろまんかん）
☎079-552-6668
住 兵庫県丹波篠山市北新町97
営 10:00〜17:00
休 火曜

丹波篠山百景館（たんばささやまひゃっけいかん）
☎079-552-5555
住 兵庫県丹波篠山市二階町58-2
営 10:00〜17:00
休 木曜

https://tanbasasayama.hyogo.jp/
運営 株式会社アクト篠山

丹波の酒蔵インフォメーション

各酒蔵で行われている新酒のイベントや蔵見学の詳細については、事前に各蔵元にお問い合わせください。

狩場一酒造（かりばいちしゅぞう）
☎079-595-0040
住 兵庫県丹波篠山市波賀野500
2月に新酒まつり開催（日程は事前に要確認）
見 蔵見学不可
[MAP]P31 B-4
→P24にも関連記事

鳳鳴酒造 味間蔵（ほうめいしゅぞう あじまぐら）
☎079-594-1193
住 兵庫県丹波篠山市大沢1-13-17
3月下旬に新酒まつり開催（日程は事前に要確認）
見 蔵見学要予約
[MAP]P31 B-3
→P49にも関連記事

山名酒造（やまなしゅぞう）
☎0795-85-0015
住 兵庫県丹波市市島町上田211
見 蔵見学要予約
[MAP]P68 C-2
→P84にも関連記事

西山酒造場（にしやましゅぞうじょう）
☎0795-86-0331
住 兵庫県丹波市市島町中竹田1171
見 蔵見学3営業日前までに要予約
[MAP]P68 C-2
→P84にも関連記事

東和酒造（とうわしゅぞう）
☎0773-35-0008
住 京都府福知山市字上野115,116,117
見 蔵見学要予約
[MAP]P87 C-2
→P13、95にも関連記事

丹山酒造（たんざんしゅぞう）
☎0771-22-0066
住 京都府亀岡市横町7
見 蔵見学可
酒造りの様子を映すDVD・試飲コーナーあり
[MAP]P86 F-3
→P117にも関連記事

大石酒造（おおいししゅぞう）
☎0771-22-0632
住 京都府亀岡市稗田野町佐伯垣内亦13
見 蔵見学当日可。20名以上の場合は要予約
[MAP]P86 D-4
→P13、117にも関連記事

地元の味を楽しむ 田舎バイキング

田舎バイキング食べ放題
（平日70分間 土日祝60分間）

大　人 1,200円 [税別]
小学生 850円 [税別]
3〜6歳 550円 [税別]

[営業時間]
11:10〜15:00
（入店は14:00まで）
★予約は前日までにお願いします。

- 新鮮野菜市　● 休憩コーナー
- お土産・加工品ショップ　● 収穫体験・イベント開催
- 毎月11日「ささやま手創り市」開催

丹波篠山観光の拠点 黒豆の館

特産品、地酒などの
お土産もの充実

http://kuromamenoyakata.com/

☎ 079-590-8077
住 兵庫県丹波篠山市下板井511-2
営 9:00〜17:00
休 火曜（祝日・手創り市の場合営業、翌日休）
P 170台

★当館は「走る県民バス」「グリーン・ツーリズムバス」の対象施設です。観光バス、団体の利用もご相談ください。

ぼたん鍋

丹波を代表する冬の味覚

丹波の山中で、自然の恵みを食べて育つ猪。11月から3月の猟期には、各店が独自のぼたん料理を提供する。個性豊かなぼたん鍋を味わおう。

ぼたん鍋コースには焼ぼたんがつく

懐石料理店が作る特製ぼたん鍋

脂身が多いほど高級といわれる猪肉は、丹波産の特上ロースだけを使い、山盛りのゴボウが、猪肉の旨みを際立たせる。コクのある合わせ味噌は、少しねかせた丹波の黒豆味噌と赤味噌、白味噌を調合したもの。たっぷりの野菜と猪肉、そこに香ばしい黒豆のきな粉をかけて食べるヘルシーなぼたん鍋だ。

膳所 丹南茶寮 和食
(ぜんしょ たんなんさりょう)

¥ぼたん鍋6,500円、ぼたん鍋コース8,000円 ☎079-590-1020 住兵庫県丹波篠山市味間新92-4 営11:30〜13:30、17:00〜21:00(定休日の翌日はランチ営業なし) 休水曜、第4木曜 Pあり [MAP]P31 B-3

合わせ味噌がやさしい味わい

ミネラルを多く含み、ホルモンバランスを整える泉質が評判の湯の花温泉の宿。ぼたん鍋は一般的な赤味噌ベースと異なり、白味噌と田舎味噌を使用したやわらかな味が特長。薄切り肉や糖度の増した冬の京野菜とマッチする。それらの具材を特製のぽん酢でいただくのが「すみや流」だ。雑炊のおいしさも格別。

ワインとの相性も抜群で、オーストリアのロゼワインや赤ワインがおすすめ

すみや亀峰菴 和食 宿泊
(すみやきほうあん)

¥1泊2食(ぼたん鍋コース)24,000円〜[税別・入湯税別] ☎0771-22-7722 住京都府亀岡市稗田野町柿花宮ノ奥25 営11:30〜14:30、18:00〜21:30(日帰り、要予約) IN15:00、OUT11:00 休なし Pあり [MAP]P86 D-4

木立の散策路の先には貸し切り露天風呂がある

奥丹波の宿でぼたん鍋を堪能

心ゆくまで自然が堪能できる静かな森、奥丹波にある宿泊施設。夕食の基本メニューは地場野菜を使った会席料理だが、冬場にはぼたん鍋も登場する。風情ある炭火のいろりを囲み、新鮮な猪肉と野菜を堪能したい。日帰り利用も可能なので、宴会などで気軽に利用することができる

丹波市立休養施設 やすら樹 和食 宿泊
(たんばしりつきょうようしせつ やすらぎ)

¥ぼたん鍋5,600円〜、1泊2食8,420円〜[税込] ☎0795-82-0678 住兵庫県丹波市氷上町清住68-1 営11:30〜15:00(日帰り利用) IN15:00、OUT10:00 休第3水曜 Pあり [MAP]P68 A-2

静かな山の中でゆっくりと

炭火で煮込んでアツアツを

特製味噌で煮込んだ猪肉の旨みと脂は格別

冬から初春にかけてぼたん鍋が名物の料理旅館。丹波篠山から直送の新鮮な猪肉を使い料理長特製の味噌で仕立てた鍋は、濃厚な味噌の風味と猪肉の力強い旨みが絡まり、忘れがたいおいしさだ。猪肉の脂が溶け出ただしもまた格別で、ことこと煮込んだ野菜の味わいもたまらない。夏には由良川でとれた天然鮎の「鮎会席」を楽しもう。

純和風料理旅館 現長 和食
(じゅんわふうりょうりりょかん げんちょう)

¥丹波篠山猪肉のぼたん鍋6,000円〜(サ別、食事は全て完全予約制) ☎0120-50-1826 住京都府綾部市並松町上番取18-1 営予約状況によって変動 休不定休 Pあり [MAP]P87 C-2 →P98にも関連記事

華やかな植栽に誘われ、重厚感あふれる正門へ

26

小鉢・ボタン鍋・ご飯・漬物・フルーツが付く「ボタン鍋」

アットホームな雰囲気に心癒される宿

特製味噌スープにさっとくぐらせて

1919(大正8)年創業の歴史ある宿。明治時代より街道沿いで薬商を営んでいたことに由来する屋号だ。地産地消をモットーに、美山の旬の素材を生かした料理が中心で、ぼたん鍋は、地元の田舎味噌を使った特製のだしに、猪肉をさっとくぐらせて食べる。美しい庭を眺めながら熱燗とともに、が冬の風物詩だ。

りょうりりょかんきぐすりや
料理旅館きぐすりや　和食 宿泊

¥ 1泊2食17,600円[税込]、食事のみ7,560円[税込、3日前までに要予約]
☎ 0771-76-0015
住 京都府南丹市美山町鶴ケ岡今安8-1
⏰ 11:00〜15:00 IN15:00 OUT10:00
休 なし P あり [MAP]P86 D-2

かむほどに旨みがあふれる猪肉

静かな奥綾部にある

生姜のきいた赤味噌のだしが美味

日常の喧騒から離れた隠れ家的な完全予約制の料亭。春はタケノコ、夏は鮎や鱧、秋は松茸や栗、冬はカニといった季節の食材を堪能できる。そんなゆう月のぼたん鍋は、あっさりとした天然の猪肉を、赤味噌に独自のアレンジを加え仕上げた特製スープでいただく。深みのある味わいとほんのりきいた生姜が特長だ。

りょうてい ゆうづき
料亭 ゆう月　和食

¥ ぼたん鍋コース7,500円(税サ込、3日前までに要予約)
☎ 0773-44-0818
住 京都府綾部市七百石町由里16-1
⏰ 11:30〜15:00、18:00〜22:00
休 不定休 P あり [MAP]P87 C-2

煮込んでも硬くならないのが猪肉の特徴

風情ある囲炉裏端で

秘湯で味わう滋味あるぼたん鍋

山深い篭坊温泉の宿。食事と入浴がセットになった日帰りコースが楽しめる。食事は築200年を超える家をリノベーションした「紀真暮庵」の囲炉裏端で。冬の味覚は、もちろんぼたん鍋だ。この地は篠山の中でも特に寒く、そこでとれた野生の猪肉は旨みがあふれている。野菜はもちろん、豆腐やこんにゃくまで手作りで味わい深い。

かごぼうおんせん みんしゅく ゆのつぼ
篭坊温泉 民宿 湯の壺　和食 宿泊

¥ 日帰り6,000円(食事+入浴)1泊2食11,500円
☎ 090-9097-9060
住 兵庫県丹波篠山市後川新田篭坊79
⏰ 予約時に相談IN16:00 OUT10:00
休 不定休 P あり [MAP]P30 E-4

丹波の特産品を全国の食卓へお届けします　　　　　　　　　冷凍クール便

山の芋・丹波おこわ・丹波栗・黒大豆枝豆・コシヒカリ

◆とろろは便利な個包装。袋のまま自然解凍でお召し上がりください。

生とろろ
「丹波篠山産」山の芋を丁寧にすりおろしました。いろいろな料理に合わせていただけます。
60g×12袋　3,620円(税込)

味とろろ
すりおろした「丹波篠山産」山の芋を、鰹と昆布のダシでのばし、醤油ベースのまろやかな味に仕上げました。
60g×15袋　3,880円(税込)

丹波おこわ 詰め合せ
丹波篠山の食材を入れた伝統料理「おこわ」を、一つ一つ竹皮で包んで蒸しました。
各種8個入(2個入×4袋)※組み合せ自由
3,780円(税込)

WEB SHOP　http://www.yamayu.co.jp/　　やまゆ 検索

丹波篠山 山の芋・黒大豆卸問屋
株式会社 河南勇商店(カンナンイサム)
〒669-2221 兵庫県丹波篠山市西古佐954-4
tel.079-594-0803　fax.079-594-0805

丹波特産品 産地直売・直送
五節舎やまゆ
〒669-2205 兵庫県丹波篠山市網掛81
tel.079-590-1262
営業時間/10:00〜17:00、定休日/火曜日

JR篠山口駅から徒歩圏内、インターからも近い快適なホテル

　丹波篠山で唯一のビジネスホテルとして、観光はもちろんビジネスユースも多い。各部屋にインターネット環境が整い、ロビーにはパソコンコーナーもある。敷地内に5軒の飲食店があるのでとても便利。朝食はヘルシーな野菜たっぷりのバイキング。ディナーはレストランや居酒屋でお好みのものを。深夜でも食事ができるのは忙しい人に便利。

- ルームチャージ1泊5,300円～
- 朝食バイキング付プラン　6,200円～
- チェックイン15:00、チェックアウト10:00

ビジネスホテル・食事

丹波ささやまホロンピアホテル

☎079-594-2611　住丹波篠山市中野76-4　Pあり
[MAP]P31 B-3 →P60にも関連記事

【施設内飲食店】
- 旨いもん屋さんでー　TEL.079-594-2611
- 茶房&ギャラリー花ぶどう　TEL.079-594-3111
- 魚菜うえばら　TEL.079-594-2611
- ファミリーダイニングパラパラ　TEL.079-590-1333
- ごちそう家はなばら　TEL.079-590-1187

http://www.holonpia.com/

JR篠山口駅から徒歩5分。丹南篠山口ICより車で1分の便利さ
機能的なホテルで快適な旅を
女性にもやさしいアメニティ

澄みきった夜空に浮かぶ
丸い月のように
人の心を包み込む
やさしいお酒

秀月（しゅうげつ）

地方発送承ります

丹波杜氏のふるさと丹波篠山で100年間、真面目に醸し続けている地酒です。
幸せな酔い心地を招く、美味しいお酒をお届けします。

狩場一酒造（かりばいちしゅぞう）

☎079-595-0040　FAX 079-595-0421　住丹波篠山市波賀野500　P駐車場あり
https://syuugetu.jp/　●オンラインショップからもお求めいただけます

兵庫エリア
丹波篠山市・丹波市

天下統一を目指す織田信長にとって、丹波地域はどうしても必要なものだった。
信長の命を受けた明智光秀が攻め、
丹波の武将、波多野秀治、赤井直正らが激しく抵抗した。
今も天然の要塞、八上城や黒井城を中心に数多くの山城跡が残っている。

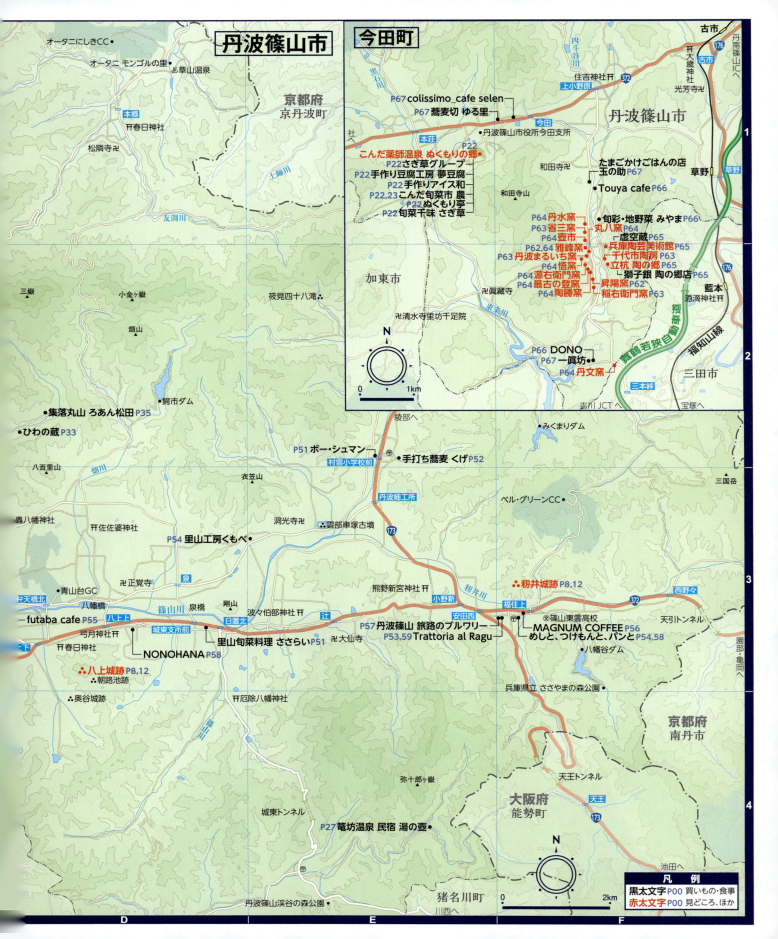

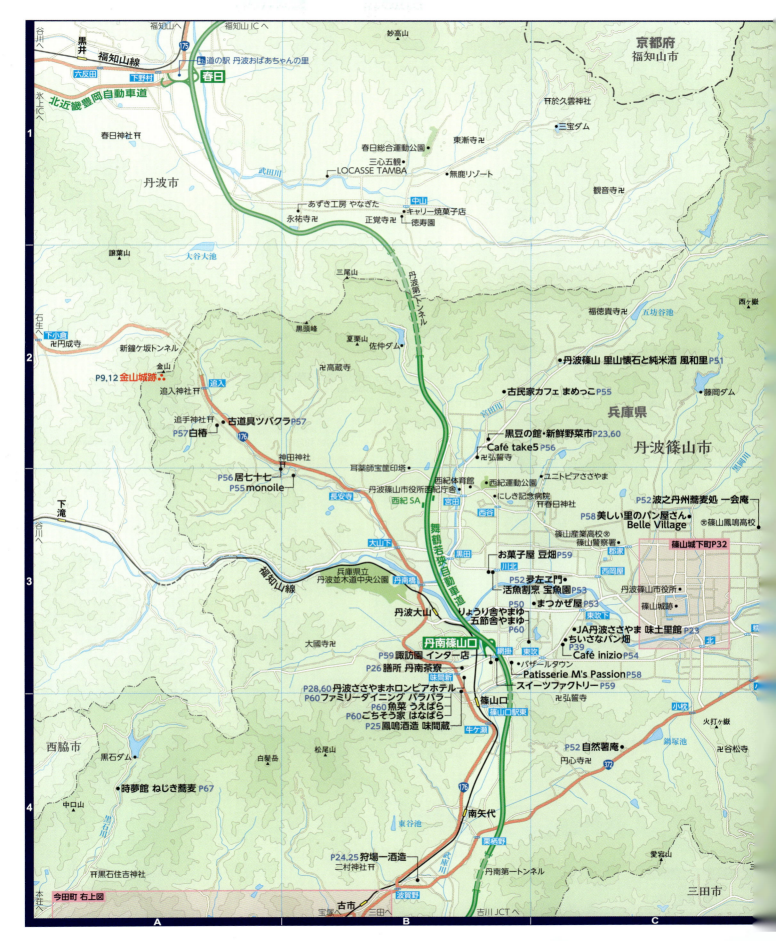

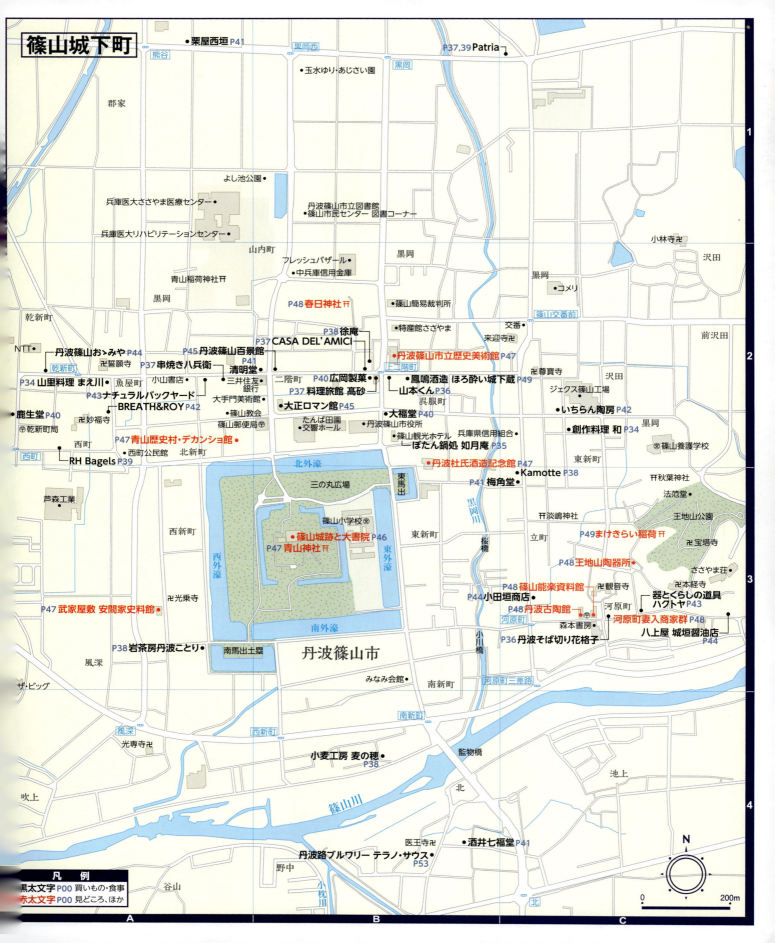

丹波篠山特別グルメ
わざわざ出かける価値あり！の店が勢ぞろい。

時の流れを忘れ極上の料理と原風景を楽しむ

「ひわ」とは、淡い黄緑色の鶸色(ひわいろ)から。その名にふさわしく、緑に囲まれた古民家の宿「集落丸山」の蔵を改装したフレンチレストランだ。シェフの村木伸也さんは、3年前からこの店の厨房に立つ。近郊農家の野菜や瀬戸内近海の魚など、食材は近隣の産地から。メインの「ひょうご雪姫ポーク」は、やわらかくて甘みのある霜降り豚肉。芳醇なソースとからみ、忘れがたい一品となる。

ひわのくら
ひわの蔵 フレンチ

- ランチ3,800円、5,800円[＋サービス料5％]
- 079-552-5560　丹波篠山市丸山42
- 12:00〜15:00(13:00LO)、18:00〜22:00(19:30LO)※完全予約制
- 水曜、不定休あり　Pあり　[MAP]P30 D-2

カウンター8席のほか、壁いっぱいに飾られたアンティークの時計が印象的な個室も用意

篠山城の堀の水守を務めた丸山集落には、周辺にも立派な武家屋敷が残る

生まれ故郷の自然素材をふんだんに

　京都や大阪の名店で経験を積んだ店主の前川友章さんが、故郷の丹波篠山で開業。新鮮な素材を使って作る里山料理は、盛り付けも美しく、それぞれの持ち味を最大限に引き出す。ほんのりとした甘みを感じるごはんは、昔ながらの稲木干しの自家製コシヒカリを土鍋で炊いたもの。おばあちゃん直伝の漬物が、ごはんのおいしさをさらに引き立てる。黒豆味噌の味噌汁も味わい深い。

やまざとりょうり まえかわ
山里料理 まえ川　和食

¥ランチ3,000円［税込］
☎090-2065-4595　住丹波篠山市西町1番地 NIPPONIA SAWASIRO棟
営［ランチ］11:00～14:00（13:30LO）
　［ディナー］17:30～20:30（予約のみ）
休火曜　Pあり　［MAP］P32 A-2

やわらかい鹿のローストやしめ鯖と旬野菜の冷や鉢など、丁寧に作られたものばかり

和食の醍醐味を堪能できる創作料理

　メイン通りから少し外れた、大人の隠れ家的な創作和食処。昼夜とも2組だけの完全予約制で、心置きなく料理を楽しめる。春はタケノコや山菜、秋は黒枝豆や栗など、地元の旬の食材を用いた料理の数々は手間をかけた逸品ぞろい。舞茸やパプリカを太刀魚で巻いて揚げた「太刀魚深山包み」や、ミンチにした黒枝豆の揚げ団子をだしで煮てとろみをつけた「黒枝豆饅頭」など、その料理はどれも五感を刺激する。

そうさくりょうりなごみ
創作料理　和　和食

¥昼2,500円～、夜のコース3,500円～
☎079-552-1258　住丹波篠山市東新町106-5
営11:30～14:00、17:30～21:00（完全予約制）
休不定休　Pあり　［MAP］P32 C-2

旬の魚や野菜をたしかな腕で料理する

緑あふれる庭の景色を見ながら食事できる座敷もある

丹波篠山

煮込んでもコシがある
特製うどん

スパイシーな味噌が決め手のご当地うどん

　篠山城のお堀の横、堂々たる構えの門が目印。老舗旅館らしく、豪華な雰囲気の調度類を愛でながら食事がいただける。半世紀ほど前、ぼたん鍋の味噌だしをオールシーズン食べたいという常連の希望から生まれたデカンショうどん。国産の栗入り味噌に10種類の香辛料をブレンドしただしに、豚肉、ゴボウ、白菜など、具材がたっぷり入って土鍋で出される。おいしく食べて体の芯からあたたまる。

ぼたんなべどころ　にょげつあん
ぼたん鍋処 如月庵　和食

￥ デカンショうどん1,650円※2人前から
☎ 079-552-2400　住 丹波篠山市北新町124-1(篠山観光ホテル内)
営 11:00～19:00(LO) ※17:00～の食事は要予約
休 不定休　P あり　[MAP]P32 B-2

モダンな雰囲気の店内

座敷から見える中庭は重森三玲の枯山水

「盛り」「あらびき」
「おろし」、最適なそば粉の割合で打つ

森や小川に囲まれた
里山で食べる極上そば懐石

　川のせせらぎに鳥のさえずり…豊かな自然がもたらす音だけが聞こえる農村、集落丸山。山裾の一軒家で借景を愛でながら懐石仕立てのそばコースがいただける。国産の玄そば5種をブレンドした盛りそばは、甘み、香り、コシ、余韻のバランスがよい。季節の野菜の盛り合わせや天ぷら、そば寿司などとともに。

しゅうらくまるやま　ろあんまつだ
集落丸山 ろあん松田　和食

￥ お昼のコース7,000円、夜のコース9,800円
☎ 079-552-7755　住 丹波篠山市丸山154
営 11:30～、14:00～、18:00～(すべて要予約)
休 火・水曜　P あり　[MAP]P30 D-2

篠山城下町
Sasayama joukamachi

2015年日本遺産に第一号認定された丹波篠山市。篠山城跡をはじめとする多くの歴史あるスポット、古民家を生かしたショップがある。

篠山城跡大書院

日本酒に合うそばと料理が評判

打ちたての十割そばには、きりっと濃いめのつゆ。厚削りした枕崎産の鰹節をたっぷり使って、繊細なだしを引く。さすが和食出身店主だ。再仕立てしたそば湯をつゆに注ぐと、鰹の香りがふわっと立つ。まずは混ぜずに、その後ゆっくり混ぜて飲んでみて。入れる薬味によっても味が変化する。

だし醤油に丸一日つけ込んだ篠山牛のローストは、肉厚でやわらかい

たんば　そばきり　はなこうし
丹波そば切り花格子 麺

¥ 山の芋つけとろろそば1,370円、篠山牛のロースト1,100円
☎ 079-552-2808　🏠 丹波篠山市河原町160
営 11:30〜14:30(LO)、17:30〜20:30(LO)
※売切れ次第閉店、定休日の前日は昼のみ営業
休 月曜(祝日は営業、翌日休)　P あり　[MAP] P32 C-3

魚のあらで深みのあるだしをとった絶品味噌汁はイートインに付いてくる

甘みと香ばしさにハマる二度炙りの焼き鯖寿司

2017年9月にオープンした焼き鯖寿司専門店。実家が元寿司店のご主人と鯖寿司が苦手だった奥さんが、「苦手な人でもおいしく食べられる鯖寿司を」と考案。一度炙ったしめ鯖の上に、篠山の煎り黒豆を石臼で挽いたものを振りかけ、もう一度炙る。分厚くやわらかい鯖は甘みがあり、香ばしい皮のパリッとした食感も美味。

やまもとくん
山本くん 和食

¥ 焼鯖寿司セット560円(焼鯖寿司2カン、味噌汁付き)、持ち帰り1本(8カン)1,840円、4カン920円[全て税込]
☎ 079-594-5988　🏠 丹波篠山市二階町1-1
営 11:30〜16:30(売切れ次第終了)
休 水曜　P なし　[MAP] P32 B-2

篠山城下町

カネロニの上にチーズや野菜をのせ、グラタン風に仕上げる

大阪府吹田市でイタリア料理店を営んでいた夫婦が、2015年篠山に移住してオープン

ワインショップとコラボして月替わりのテーマでワイン会を開催

ほぼ日替わりのコースランチのほか、リーズナブルなパスタランチも

手間ひまかけた逸品ぞろいのイタリアン

阪神間の人がわざわざ食べに来る「カネロニランチ」。筒状の手打ちほうれんそう生パスタの中に、ホタテの貝柱と豆のクリームを詰めたカネロニを含め、料理は全て手作り。前菜の1品1品にも丁寧にひと手間加え、オニオングラタンスープは玉ネギを半日炒め、その深い甘みはひとさじで虜になる。随所にあるシェフのこだわりを楽しめる。

ぱーとりあ
Patria イタリアン パン

¥ カネロニランチ(前菜盛り合わせ、フォカッチャ、サラダ、スープ、カネロニ、デザート盛り合わせ、ドリンク)1,800円 ※カネロニの内容は変更あり
☎ 079-556-5709　住 丹波篠山市黒岡736-2
営 11:30〜15:00(14:00LO)、18:00〜22:00(20:30LO)
休 月曜、第1・3火曜(祝日は営業)　P あり　[MAP]P32 C-1　→P39にも関連記事

生産者の思いを伝える渾身の一皿

「つながりの家」を意味する店名にあやかり「食事を通してつながれる店を目指しています」とシェフ。顔が見える生産者から食材を入手して、その情報とともに提供する。季節によって味わいが変わる鹿肉、ローストや煮込みで旨みを引き出す猪肉などのジビエ料理も堪能できる。ワールドワインはイタリアを主に数十種類を用意。

かざ でら あみーち
CASA DEL'AMICI イタリアン

¥ コースランチ2,700円[税込]
☎ 079-558-7950　住 丹波篠山市二階町10-2　営 [ランチ]11:30〜14:30(LO)、[カフェ]14:30〜16:00、[ディナー]17:30〜22:00(21:00 LO)　休 火曜、不定休あり
P なし　[MAP]P32 B-2

やわらかくて旨みのある篠山牛を山の芋とろろとともに

丹波篠山の名物をどんぶりで味わおう

江戸時代後期創業の老舗旅館で、丹波篠山牛を使った丼2種が味わえる。特産品3品を組み合わせた、とろ牛丼は低農薬のコシヒカリに、山の芋とろろと篠山牛のモモ肉ステーキがのって醤油ベースのあっさりした味付け。ステーキ丼は、ぼたん鍋の味噌をアレンジした風味豊かな山椒味噌仕立て。冬は骨董品や美術品が飾られた個室で、ぼたん鍋を味わいたい。

りょうりりょかん たかさご
料理旅館 髙砂 和食

¥ とろ牛丼1,400円、ステーキ丼1,100円[税込]
☎ 079-552-2158　住 丹波篠山市二階町6
営 11:30〜14:30(土日・祝日11:30〜15:00)、17:00〜21:00(夜は要予約)
休 不定休(来店前に要確認)　P あり　[MAP]P32 B-2

備長炭でじっくり火を入れることで、脂が落ちてあっさり食べられる

昭和レトロな居酒屋で飲んで食べて満喫

2019年5月にオープンした串焼き専門店。地元の季節野菜を上質の豚バラ肉で巻く串がメインで、看板メニューはシャキシャキ感が特徴のレタス巻き。焼きそば串や豚すき焼き串など、1本でそのメニューを実感できる「かわり串」も楽しい。酒の種類が充実し、遅くまで開いているので、2軒目や3軒目として利用するのもいい。

くしやきはちべえ
串焼き八兵衛 肉

¥ レタス巻き(タレor塩)350円、トマト巻き200円
☎ 079-552-1551　住 丹波篠山市二階町82
営 17:00〜24:00(23:30LO)
休 水曜、第2木曜　P あり　[MAP]P32 A-2

カフェ&パン
こだわり光るカフェと手間ひまかけたパンを厳選。

品評会に入賞した豆を特注の焙煎機でロースト

カクテル、ウイスキー、地ビールもある

ソムリエが淹れる
シングルオリジンコーヒー

温度計のついたケトルからお湯が注がれると、コーヒーの香りがふわりと広がる。「クオリティの高い豆は、温度変化とともに味わいやテクスチャの変化が楽しめる」とマスター。淹れたてはバランスのとれた酸味と渋み、そして冷めると甘みを感じるのだ。名スピーカーJBL 4344から流れるボサノバを聴きながら静かなひと時を。

じょあん
徐庵 カフェ その他

¥ コーヒー500円〜、週末薬膳ランチ1,200円
☎ 079-552-0081　丹波篠山市二階町9-1 篠山ギャラリーKITA's 1F
営 12:00〜22:00(21:30LO)
休 火、水曜　P あり　[MAP]P32 B-2

丹波篠山産黒豆煮がごろごろの黒豆スフレ。バニラアイス(+50円)との温度差を楽しんでも

仲良し家族の絆でつなぐスフレ専門カフェ

「お母さんと地元でカフェをしたい」という夢を叶えるため、製菓学校に通い大阪でパティシエとして経験を積んだ娘さんがUターン。お母さんの早期退職を機に、祖父の自転車屋を改築して2017年に開業した。独自レシピのスフレ各種は、お父さんも助っ人に立ちオーダーごとに焼きあげる。卵の風味が生きた生地は、もっちりやさしい甘み。

かもっと
Kamotte カフェ

¥ スフレセット750円、単品600円
☎ 079-552-0068　丹波篠山市立町91
営 11:00〜17:00
休 水・木曜　P あり　[MAP]P32 C-3

アスパラベーコンや季節の野菜パン、母さんのカレーなど、野菜たっぷりのパンが人気

愛情あふれる手作りパン

窓からパンが焼ける香ばしい匂いがただようアパートの一室で、朝から生地をこねて1日10回以上こまめに焼きあげる。玄関の棚に並ぶのは、日替わりや週替わりで15〜20種類。家族のために作る食事のように身近な素材で作るパンは、毎日食べても飽きない味。丹波篠山の野菜を豊富に使った季節の野菜パンがおいしい。

こむぎこうぼう　むぎのほ
小麦工房 麦の穂 パン

¥ 母さんのカレー200円[税込]
☎ 080-5322-9797　丹波篠山市南新町230メゾンささやま112
営 12:00〜売切れ次第閉店
休 日〜水曜　P あり　[MAP]P32 B-4

つるんとした口あたりのココナッツ豆腐

自然の恵みあふれる
岩茶を味わう

中国・福建省のそびえ立つ岩肌に自生するミネラル豊富な岩茶。店主自ら毎年現地に赴き、手仕事で仕上げられたばかりの茶葉を持ち帰る。香り高い岩茶を、お湯をさし5〜6煎たっぷり味わいたい。お茶請けには、自家製クッキーやドライフルーツなど。マーラーカオやココナッツ豆腐などのオリジナルスイーツもおいしい。

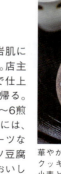

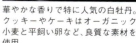
華やかな香りで特に人気の白牡丹。クッキーやケーキはオーガニック小麦と平飼い卵など、良質な素材を使用

がんちゃぼう　たんばことり
岩茶房丹波ことり カフェ

¥ 岩茶(15種類)1,500円〜、ココナッツ豆腐500円
☎ 079-556-5630　丹波篠山市西新町18
営 11:00〜17:00
休 水・木曜　P あり　[MAP]P32 A-3

篠山城下町

古民家×NYスタイルがお洒落なベーグル屋

　生地から店で仕込むもちもち食感のベーグルに、地元産の野菜やベーコン、チーズなどをたっぷりサンド。グリル野菜、トルティーヤチップス、サラダなども一緒にのった豪快なワンプレートはインパクト抜群で、テーブルに運ばれると歓声があがる。ニューヨークをイメージしたという、異国感ただよう店内の雰囲気とともに味わおう。

あーるえいちべーぐる
RH Bagels　カフェ

🍴ベーグルランチ1,667円～
☎079-550-4598　🏠丹波篠山市西町55
🕐11:00～22:00（21:30LO）、※10～3月は～21:00（20:30LO）　休月・火曜　Pあり　[MAP]P32 A-2

「ベーコンとチェダーチーズ」などベーグルサンドは全4種類。ドリンクと日替わりスープもつく

バターを贅沢に使った生地は、ふんわりした食感。もちろん通常サイズのパンも販売している

小さくても味は本格派のキュートなパン

　手のひらにすっぽり収まる、5cmほどの小さなパン。ウインナーロール、クロワッサン、あんぱんなど20種類以上のラインナップがあり、どれも通常サイズと同じ材料と工程で手間暇かけて作る。いろんな種類を選んで、お持たせにする人もいるそう。休日には売り切れることも多いので予約がベター。

ちいさなぱんばたけ
ちいさなパン畑　パン

🍴ちいさなパン畑50円
☎079-594-1867　🏠丹波篠山市東吹505
🕐8:00～18:00
休水・日曜　Pあり　[MAP]P31 C-3

丹波大納言小豆とゴマのバターサンドなどスイーツ系のほか、カルボナーラやカプレーゼなどおかず系も

オリジナルの具材を挟んだ豪華なベーグル

　ベーグル好きの奥さんが毎朝焼く国産小麦使用のベーグルは常時8種。ひと晩低温発酵させることで、生地がかたくなりすぎず、歯切れのよい食感に。餡もソースも手作りの具材は、上にのせるだけではなく、中にも巻き込んだり、挟んだりしているので、どこを食べても美味。売り切れることも多いので、事前予約がおすすめ。

ぱーとりあ
Patria　イタリアン パン

🍴ベーグル150円
☎079-556-5709　🏠丹波篠山市黒岡736-2　🕐11:30～15:00（14:00LO）、18:00～22:00（20:30LO）　休月曜、第1・3火曜（祝日は営業）※定休日の翌日は予約販売のみ　Pあり　[MAP]P32 C-1　→P37にも関連記事

和菓子

大正・明治期に創業した老舗和菓子店も多数。体にほっとなじむ、和のおいしさを味わって。

菓子職人の技が光る銘品の数々

黒豆大福は、甘さ控えめの小豆餡と丹波篠山産黒豆が上品な味を醸し出している。栗の渋皮煮を弾力ある丹波篠山産山の芋生地に包んだ玉水。白餡と刻んだ栗の甘露煮が入った大栗は直径10cmのビッグサイズで、丹波栗の甘みや大きさを表現。三種の砂糖を使い分け、丹波篠山特産や特級品の素材を生かす老舗だ。

黒豆大福186円　玉水278円　大栗463円

だいふくどう
大福堂
☎079-552-0453
⌂丹波篠山市北新町121-1
営9:00〜18:00　休火曜　Pあり
[MAP]P32 B-2

季節とともに味も移ろいゆく

丹波篠山産もち米を精米することからおかき作りが始まる。洗ってせいろで蒸し、石臼でつき、炭火で手焼き。昔ながらのこの方法でないと、香りや味が出ない。一番人気の山椒も地元のもの。収穫したばかりの秋冬頃はぴりりと辛く、春からはマイルドな味に変わる。季節ごとの味を楽しんで。

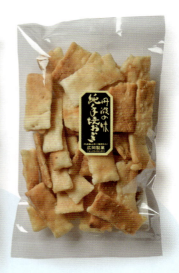

黒豆、山椒、素焼きなど各種おかき小(75g)410円、大(130g)660円[税込]

ひろおかせいか
広岡製菓
☎079-552-0515
⌂丹波篠山市二階町8-1
営9:00〜18:00　休火曜
Pなし（店向かいに市営Pあり）
[MAP]P32 B-2

たっぷり栗が入った贅沢な栗蒸羊羹

純栗蒸羊羹1,389円

「味はお客様から広がる」を家訓に約100年。栗を中心とした商品が多く、中でも三代目店主考案の「純栗蒸羊羹」は、最もおいしい時期の栗だけを使った栗餡の上に、栗の甘露煮がぎっしり。甘さ控えめなのに、栗のおいしさがぎゅっとつまった豊潤さだ。

かせいどう
鹿生堂
☎079-552-0314
⌂丹波篠山市乾新町59
営9:00〜17:00
休木曜　Pあり
[MAP]P32 A-2

篠山城下町

早くも人気殺到、老舗の新しいきんつば

きんつばの名店で修業した四代目が作るきんつばは、季節によって種類が違う。2019年5月の丹波篠山市誕生記念として発売された「黒豆きんつば」は、少し醤油を入れてあっさり炊いた黒豆煮がたっぷり。生地にも黒豆きなこを混ぜて豊かな風味に。米粉生地に国産栗の渋皮煮が入った栗三笠も帰省土産の定番だ。

栗三笠240円[税込]

黒豆きんつば190円[税込]※要予約

ばいかくどう
梅角堂
☎079-552-1311
住丹波篠山市立町78-1
営8:00〜18:30　休木曜　Pあり
[MAP]P32 C-3

栗そのものの琥珀色に見惚れる

1923(大正12)年創業、栗を主体とした和菓子が中心。看板商品の純栗羊羹は、国産の和栗を丁寧に裏ごしし、砂糖と寒天のみを加え、銅釜で練り上げたもの。9月末頃に入荷する新栗の皮を手で剥き、新鮮なうちに一気に作る。追加生産はしないので売り切れ次第終了。次の秋までのお楽しみ。

純栗羊羹1本2,083円

くりやにしがき
栗屋西垣
☎079-552-3552
住丹波篠山市郡家130-12
営10:00〜17:00
休月・火曜　Pあり
[MAP]P32 A-1

丹波篠山産の食材にこだわり、伝統製法で作りあげる和菓子。中でも、秋の栗シーズンに外せないのは栗きんとんと栗おはぎ。丹波篠山の契約農家から栗やもち米を直接仕入れている。春限定のよもぎ餅も、地元のよもぎの新芽ともち米を使用。確実に食べたい場合は予約がおすすめだ。

せいめいどう
清明堂
☎079-552-0159　住丹波篠山市二階町59
営9:00〜19:00　休水曜(栗のシーズンは無休)
Pあり　[MAP]P32 B-2

昔ながらの製法で作る篠山づくし

よもぎ餅150円

栗きんとん220円

栗おはぎ220円

全種類1袋(100g)350円[税込]
※内容量が変更になる場合あり

二種類の醤油をブレンドした秘伝のタレ

自家栽培のもち米を使ったおかきは全8種類。備長炭使用の手焼きで、丹波篠山産の醤油と京都産の醤油をブレンドしたタレは100年以上受け継ぐ秘伝の味だ。海老・青海苔入りの「すやき」は塩味ベース、黒豆入りなどは醤油ベース。ふくっとした厚みに軽やかな食感は、ぱりっと感を見極める職人のなせる業。

さかいしちふくどう
酒井七福堂
☎079-594-0673　住丹波篠山市北175
営昼〜夕方頃(事前連絡要)
休1月1,2日　Pなし
[MAP]P32 B-4

今では作ることができない古いガラスが入った引き戸

静かな時間を楽しむ町家カフェ

　風鈴の音が小さく響き、開け放たれた中庭からの風が心地よい。コーヒーを飲みながら座敷にいると、江戸時代末期に建てられ、地元の人で賑わう料理屋だった町家が積み上げた歴史の気配を感じる。30年間空き家だったここをリノベーションし、東京から移り住んだオーナー。残された調度類をリメイクして飾り、丹波焼・俊彦窯の器、木製の雑貨、梨園染の手ぬぐいなど、小粋な雑貨が並ぶ。

ぶれすあんどろい
BREATH&ROY　カフェ 買い物

¥ コーヒー500円、箸880円、自家製丹波栗の渋皮煮580円
☎ 079-506-9195　🏠 丹波篠山市西町16-1
⏰ 9:00〜18:00
休 火曜　P なし　[MAP]P32 A-2

雑貨 ここでしか出会えない宝物を探しに出かけよう。

自家製丹波栗の渋皮煮

竹製の箸は丈夫で使い心地がよい

夫婦で個性違いの陶芸作品を生み出す

　改築された江戸時代の武家屋敷で、2018年5月に窯開きした工房兼ギャラリー。京都の工芸の学校で陶芸を学んだ大槻夫妻が、それぞれ別の丹波焼の師匠から技術を習得し、独立した。夫・一仁さんは、丹文窯の大西雅文さんに弟子入りし、多彩で作家性の強い作風が特徴。妻・蘭さんの師匠は信凛窯の仲岡信人さんで、シンプルなものが多い。一見、対極に思える作風だが、並べてみるとあたたかい食卓になりそう。

いちらんとうぼう
いちらん陶房　買い物 体験

¥ カップ800円〜、手びねり体験2,000円〜、電動ろくろ3,000円〜
[税込]要予約
☎ 079-509-0351　🏠 丹波篠山市東新町109-1
⏰ 9:00〜18:00
休 不定休(インスタで要確認)　P あり　[MAP]P32 C-2

「日常使いしてほしい」と蘭さん

古民家の奥には手びねりや電動ろくろを体験できるスペースもある

篠山城下町

日常に彩りを添えてくれる器や雑貨

　欲しいものが必ずみつかると思えるほどの雑貨の数々。店主一瀬さんは年に1度、1カ月ほどかけてヨーロッパに仕入れの旅へ。モノを買いに行ってはいるが、買付けの決め手は現地の店主の人柄や雰囲気。アンティーク雑貨や布もの、かごにおもちゃと、世代を超えて楽しめる店だ。どんな場所でどんな人が作っているのだろうかと思いめぐらせるのも楽しい。

うつわとくらしのどうぐはくとや
器とくらしの道具ハクトヤ　買い物

- ☎079-552-7522　🏠丹波篠山市河原町121-1
- 🕐11:00〜18:00
- 休木曜（祝日は営業）※2月は冬期休業　Pあり
- [MAP] P32 C-3

「なつかしさを感じる」ものがそこかしこに

全国各地の作家作品も多数

天然木があたたかい、オリジナルの木工製品

　木のおもちゃやキッチン雑貨など、木工作家の店主が自社工房で制作する木工製品の数々。全て子どもが口に入れても安心な素材で作られている。おもちゃの修理はもちろん、お客さんが自分で選んだパーツに合わせたオーダー家具の受注生産も行っている。また、市内外に出向いて実施している木工体験や森林学習などのワークショップを通して、木の資源活用を伝えることも。学校での親子活動や授業に取り入れられるなど、活躍の場を広げている。

ナチュラルバックヤード　買い物

- ¥積み木14ピース（カラー）6,500円、みにかー・みにばす 各1,100円
- ☎079-552-7222　🏠丹波篠山市二階町89-1
- 🕐不規則のためHPを確認
- 休不定休　Pあり　[MAP] P32 A-2

古民家を改築した店内には、木のおもちゃで遊べるキッズスペースも

木のおもちゃは、無漂白・防腐剤不使用の天然木と自然塗料を使用

おみやげ
黒豆に小豆、栗のほかにも特産品が盛りだくさん。

国の有形文化財に登録されている店舗

丹波黒大豆の老舗で選ぶ本物の味

　江戸時代に建てられた店舗や蔵、明治末期に建てられた塀など、敷地内に国の有形文化財が10件もある小田垣商店。創業は1734(亨保9)年で、現在の商品を扱うようになってから140年以上になる豆専門店だ。契約農家から届く丹波黒大豆や丹波大納言小豆などを、手作業で一粒ずつ選別する。乾物(生豆)のほかに、調理済みの煮豆や手軽に食べられるドライパック、豆菓子などの加工品もお土産にぴったりだ。

おだがきしょうてん
小田垣商店 買い物

¥ 黒豆しぼり豆(100g)400円、(200g)700円
☎ 079-552-2369　住 丹波篠山市立町9
営 8:30～17:00
休 不定休　P あり　[MAP]P32 C-3

丹波黒大豆の大きさやランクを手作業で選別

兵庫県産の丹波黒大豆を使った黒豆しぼり豆

ギフトセットは、お歳暮などの贈り物として地方発送できる

ぼたん鍋特選セット

猪肉など、ジビエを買うならココ！

　丹波の自然の中で育った天然の猪は、低脂肪、高タンパクで旨みもたっぷり。長年猪肉を扱い、ジビエブームの先駆けとして全国に卸している同店。たしかな目利きで選んだ肉を、家庭でも夏は焼きぼたん、冬はぼたん鍋で味わいたい。鹿肉やハムなどの加工品もあるので、お土産に喜ばれそうだ。

たんばささやま　おゝみや
丹波篠山 おゝみや 買い物

¥ ぼたん鍋特選セット4,920円～[税込]
☎ 0120-44-0038　住 丹波篠山市乾新町40　営 9:00～17:00(冬期は19:00まで)
休 4月～10月の水曜　P あり　[MAP]P32 A-2

ごはんがすすむピリッと刺激的な山椒漬け。煮物などに味のアクセントとして加えても

お土産にぴったりの小袋サイズ

創業100年を超える老舗醤油店

　山椒醤油漬けやせり味噌漬けなど、生醤油と荒味噌に漬け込んだ、風味豊かな丹波篠山の山菜が味わえる。昔のまま残る醤油蔵で漬け込む山椒をはじめ、木の芽、フキの醤油漬け、セリ、ミョウガ、ショウガの味噌漬けがそろい、それぞれ自然のままの味と香りが感じられる。贈り物に最適な6種類の詰め合わせもある。

やかみや　きがきしょうゆてん
八上屋 城垣醤油店 買い物

¥ 山椒醤油漬け500円
☎ 079-552-0312　住 丹波篠山市河原町48-1
営 8:00～17:00(季節により変動あり)
休 水曜　P なし　[MAP]P32 C-3

篠山城下町

グルメあり土産あり、観光の拠点はここ

　大正時代に建てられた旧篠山町役場の庁舎が観光施設に。大正モダンな雰囲気のレストランでは、特産品を使った料理や喫茶メニューが味わえる。館内や庭には椅子があり、名物の黒豆ソフトクリームを食べながらのんびりできる。土産物売り場では、お菓子や地酒、雑貨など、丹波篠山ならではのものが充実。

たいしょうろまんかん
大正ロマン館　和食 買い物 カフェ

- 黒豆グラノーラ620円、山芋そうめん500円[税込]
- 079-552-6668
- 丹波篠山市北新町97
- 10:00～17:00
- 火曜　Pなし　[MAP]P32 B-2

カフェスペースもある

篠山城のすぐ近くにあるレトロモダンな建物

黒豆グラノーラ　　山芋そうめん

古き良き昭和を思い出す土産物店

　展示スペースには丸いちゃぶ台や衣紋かけ、カフェコーナーにはなつかしの黒電話やレトロなポスター、昭和の雰囲気を伝える店内に、土産物がずらり。猪肉や地酒、お菓子のほかに、丹波焼をはじめとする作家ものの食器コーナーが充実している。

たんばささやまひゃっけいかん
丹波篠山百景館　買い物 カフェ

- #4487黒豆サブレ500円(5枚入)[税込]
- 079-552-5555　丹波篠山市二階町58-2
- 10:00～17:00
- 木曜　Pなし　[MAP]P32 B-2

食品から雑貨まで多彩な商品

黒豆で猪の鼻に似せたサブレ　　カフェでは黒豆コーヒーが飲める

観光スポット

歴史に芸能、美術、神社など一度は見ておくべし篠山の宝を厳選。

2006年には日本100名城に選定された

天下普請で築かれた強固な城

篠山城は、徳川家康の命により1609(慶長14)年に築城。大阪城包囲網の拠点のひとつとしての重要な役割を担っていた。縄張奉行※は「築城の名手」と呼ばれた藤堂高虎が務め、初代城主は家康の実子、松平康重。1873(明治6)年の廃城令によって城内の大半の建物が取り壊された。天守がなかった篠山城には同時期に大書院が建てられ、篠山城の中核をなした。1944(昭和19)年に火災で焼失したが2000年に再建。篠山城に関する資料が展示され、外堀や石垣などの城郭遺構は貴重な文化遺産だ。

※縄張奉行 城の構造や全体を設計する責任者

ささやまじょうあととおおしょいん
篠山城跡と大書院　見どころ

¥ 大人400円、高校・大学生200円、小・中学生100円[税込] ※4館(篠山城大書院、歴史美術館、武家屋敷安間家史料館、青山歴史村)共通入館券、大人600円、高校・大学生300円、小・中学生150円[税込]
☎ 079-552-4500　🏠 丹波篠山市北新町2-3　🕘 9:00〜17:00(受付終了16:30)
休 月曜(祝日は営業、翌日休)　P あり　[MAP]P32 B-3

頑強な高石垣。総勢8万人による大工事で、わずか6カ月の短期間で完成させた

篠山城下町

1994年に市指定文化財に。全面改修ののち一般公開された

江戸期の武家の暮らしがわかる

安間家史料館は1830(天保元)年以降に建てられた武家屋敷。篠山藩主青山家の家臣、安間家は下級武士の一家で、当時の標準的な住宅だった。茅葺きで曲屋形式の母屋と瓦葺きの土蔵が残されており、安間家に伝来した古文書や日常づかいの食器類、家具のほか、篠山藩ゆかりの武具や史料も展示されている。

ぶけやしき　あんまけしりょうかん
武家屋敷 安間家史料館　見どころ

- 大人200円、高校・大学生100円、小・中学生50円[税込]
- 079-552-6933　丹波篠山市西新町95
- 9:00〜17:00(受付終了16:30)　月曜(祝日は営業、翌日休)　あり　[MAP]P32 A-3

江戸時代の政治から生活文化までを体感できる

江戸時代の暮らしを知る資料館

青山歴史村は、篠山城藩主青山家の別邸「桂園舎」を主とした資料館。漢学書関係の版木1,200枚余、篠山城石垣修理伺の図面、鼠草紙絵巻などの史料や、屋外には石造
かねびつ
金櫃※や「篠山城惜別の碑」などがある。2016年敷地内に新設された「丹波篠山デカンショ館」では、デカンショ節など日本遺産認定の文化財を紹介している。
※石造金櫃　石製の金庫

あおやまれきしむら　でかんしょかん
青山歴史村・デカンショ館　見どころ

- 大人300円、高校・大学生200円、小・中学生100円[税込]
- 079-552-0056　丹波篠山市北新町48
- 9:00〜17:00(受付終了16:30)　月曜(祝日は営業、翌日休)　あり　[MAP]P32 A-2

1916(大正5)年の社殿改築時に、石鳥居や灯籠などが建立された

篠山城本丸跡に鎮座する神社

1882(明治15)年、篠山城廃城の後、藩主青山家を慕う人々により、旧藩主青山家の遠祖、青山忠俊を祭神として篠山城跡の本丸跡に創建された。今では毎年4月上旬に、青山神社例祭が行われ、甲冑をまとった少年少女の武者行列が、青山神社から春日神社までを練り歩く。

あおやまじんじゃ
青山神社　寺社

- 丹波篠山市北新町2-3
- [MAP]P32 B-3

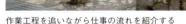

実際に使われていた法廷で模擬裁判を体験できる

作業工程を追いながら仕事の流れを紹介する

300年以上の酒文化を支える丹波杜氏を知る

丹波杜氏は、岩手県の南部杜氏、新潟県の越後杜氏とともに日本三大杜氏のひとつに数えられる。酒造り集団の責任者として、江戸時代には、灘五郷で有数の銘酒を造った。同記念館では、近代化のなかで失われつつある酒造りの道具や資料などを展示。杜氏とその下で酒を造る蔵人の歴史、昔ながらの酒の醸造過程がわかる。

たんばとうじしゅぞうきねんかん
丹波杜氏酒造記念館　見どころ

- 100円(協力金)
- 079-552-0003　丹波篠山市東新町1-5
- 10:00〜17:00(土日・祝日16:00)
- 11〜3月の土日・祝日　あり　[MAP]P32 B-2

木造建築の裁判所を改装した美術館

1891(明治24)年に建築された元篠山地方裁判所で、1981(昭和56)年まで使用されていた。当時、木造建築の裁判所としては最古級だったため、外観や旧法廷の姿を残しつつ改装し、1982(昭和57)年に美術館として開館した。地元に残る武具や絵画、王地山焼の名品などが展示されている。

たんば　ささやましりつれきしびじゅつかん
丹波篠山市立歴史美術館　見どころ

- 大人300円、高校・大学生200円、小・中学生100円[税込]　※特別展期間中は料金の変更あり
- 079-552-0601　丹波篠山市呉服町53　9:00〜17:00(受付終了16:30)
- 月曜(祝日は営業、翌日休)　あり　[MAP]P32 B-2

歴史的・美術工芸的に見ても貴重な名品ばかりで圧巻

当時の大衆の生活を支えていた作品が並ぶ

現存する日本最古の伝統芸能にふれる

　1976(昭和51)年に設立された日本で最初の能楽専門資料館。室町時代から江戸時代末期までの能面や狂言面を中心に、装束、楽器、古道具、古文書、絵画、写真など能楽全般に関する資料が展示されている。この地では古くから丹波猿楽や田楽が農民の間で広まり、江戸時代になると武家や領民たちの教養のひとつともされた。

ささやまのうがくしりょうかん
篠山能楽資料館　見どころ

- ¥ 大人500円、高校・大学生400円、小・中学生200円[税込]
- ☎ 079-552-3513　住 丹波篠山市河原町175
- 営 9:00〜17:00(最終入館16:45)
- 休 月曜(祝日は営業、翌日休)、夏期、冬期休館あり(HPにて確認を)
- P あり　[MAP]P32 C-3

力強く美しい丹波焼の原点を知る

　日本六古窯のひとつとして数えられる丹波焼。その創成期から江戸時代末期の約700年間に作陶された代表的な品々を展示している。年代、形、釉薬、装飾ごとに分類され、用途に合わせて作られた様々な造形美に圧倒される。100年近くかけて収集された蔵品のうち312点もの作品が、兵庫県指定文化財になっている。

たんばことうかん
丹波古陶館　見どころ

- ¥ 大人500円、高校・大学生400円、小・中学生200円[税込]
- ☎ 079-552-2524　住 丹波篠山市河原町185
- 営 9:00〜17:00(最終入館16:45)
- 休 月曜(祝日は営業、翌日休)、8月第4月〜金曜　P あり　[MAP]P32 C-3

千本格子や荒格子、袖壁、うだつなどの佇まいに歴史を感じる

境内には、能舞台(国の重要文化財)や黒神馬(市指定文化財)を展示した絵馬殿も

型皿や鎬(しのぎ)の器に釉薬が生む陰影の美しさ

江戸時代の風情が残る町並み

　篠山城築城の際に城下町として整備された古い町並み。商業の中心地として栄えた。間口は5mから8mほどと狭く、奥行きは40m以上と深い「妻入」という建築様式の商家が約600mにわたって軒を連ねる。今では古民家を利用した飲食店や雑貨店なども多く並ぶ。国の重要伝統的建造物群保存地区に選定されている。

かわらまちつまいりしょうかぐん
河原町妻入商家群　見どころ

- 住 丹波篠山市下河原町界隈
- P あり　[MAP]P32 C-3

秋の祭礼が大にぎわい

　平安時代初期に奈良の春日大社から分霊し、現在の篠山城跡の丘に祀られたが、篠山城築城のため1609(慶長14)年、この地に遷された。10月の秋の祭礼は、丹波篠山地方の三大祭りのひとつ。4社の金神輿(みこし)、9基の鉾山、8台の太鼓みこしが境内に練り込む。宵宮、本宮ともにぎわい、深まる秋を感じる風物詩となっている。

かすがじんじゃ
春日神社　寺社

- 住 丹波篠山市黒岡75
- P あり　[MAP]P32 B-2

120年の時を経て復興した
青磁器 王地山焼

　江戸時代末期の篠山藩主・青山忠裕が王地山に築いた藩窯。1869(明治2)年に廃窯となったが1988(昭和63)年に王地山陶器所として復興。その魅力は、独特の緑色が映える青磁。大名の贈答品としても愛された由緒ある焼き物だ。今も奥の工房で当時の技法を使って製作、展示販売する。陶芸教室や陶芸体験も行なっている。

おうじやまとうきしょ
王地山陶器所　見どころ

- ¥ 湯呑・小皿2,000円〜、皿・鉢4,000円〜、花入10,000円〜
- ☎ 079-552-5888　住 丹波篠山市河原町431
- 営 8:30〜17:00　休 火曜　P あり　[MAP]P32 C-3

篠山城下町

本殿から赤い鳥居が連なる200段ほどの石段を下ると一の鳥居がある

王地山のお稲荷さんは「勝利の神様」

文政年間、篠山藩主の青山忠裕が江戸幕府の老中だった当時に催されていた将軍御上覧大相撲で、いつもは負けてばかりだった篠山藩の力士が、ある年すべて勝ち星をおさめた。もてなそうと力士を探したが姿が見えず、調べてみると、力士の四股名がすべてご領内のお稲荷さんの名前だったという話が残る。これが「まけきらい稲荷」の起こりといわれ、勝利の神様として広く信仰されるようになった。

足腰の痛みを和らげてくれるご利益がある「平吉稲荷」は石段中ほどに

檜皮葺の上に銅板を貫いた本殿と中殿、拝殿が並ぶ

まけきらい稲荷　寺社

☎079-552-0655　⌂丹波篠山市河原町92
Ｐあり　[MAP]P32 C-3

酒造りの文化を伝える

1797(寛政9)年創業の造り酒屋「鳳鳴酒造」が酒造りの資料と蔵を公開。現在はJR篠山口駅近くの味間蔵で造りを行っているが、1975(昭和50)年まで仕込みを行っていた麹室や仕込み蔵に、実際に使われていた道具を展示。丹波杜氏率いる蔵人たちの酒造りの歴史や文化がわかる。ショップには鳳鳴ブランドの地酒が並ぶ。

江戸時代の建物で、国の有形文化財に登録されている

鳳鳴酒造　ほろ酔い城下蔵　見どころ 買い物

¥純米大吟醸(720ml)5,000円、鳳鳴田舎酒純米(720ml)1,350円、純米吟醸 生詰め原酒1,700円
☎079-552-6338　⌂丹波篠山市呉服町46
🕘9:30～17:00
休火曜　Ｐなし　[MAP]P32 B-2
→P25にも関連記事

丹波篠山郊外
Sasayama shigaichi

茅葺き屋根の古民家や廃校を再利用するなど個性あふれる店が多いエリア。ドライブやツーリングがてら立ち寄ろう。

グルメ
丹波篠山ならではの食材や味に舌鼓を打つ店ばかり。

ゆったりした空間も魅力の山の芋料理専門店

山の芋の卸問屋として長い歴史をもつ河南勇商店の直営店。山の芋を知り尽くした同店が地元の食材とともに料理する。旬菜とろろ膳は、山椒塩が香る山の芋チップスから始まり、五味五菜、炭火焼、麦飯にとろろ汁、そして山の芋の団子が入った味噌汁。「大事な友人を迎えるようにおもてなしをしたい」と店主。築400年の茅葺き古民家で、滋味あふれる料理を堪能しよう。別棟でスイーツやお土産も販売。(P60参照)

りょうりやまゆ
りょうり舎やまゆ　和食

¥ 地鶏旬菜添えとろろ膳3,000円
☎ 079-590-1261　住 丹波篠山市網掛81
営 [ランチ]11:00〜15:00(LO)
　[ディナー]18:00〜19:30(LO、要予約)
休 火曜　P あり　[MAP]P31 B-3
→P60にも関連記事

山でとった山菜や庭の畑で育てた季節の野菜が美しく彩る「五味五菜」

「地鶏の旬菜添え」。炭火焼は4種類から選ぶ

麦飯にたっぷりとろろ汁をかけて

丹波篠山郊外

皮の香ばしさを赤身とともに味わう「焼津産鰹の藁焼き」

「汲上湯葉と陸奥湾産帆立のジュレ仕立て」(左)と「大和茄子と穴子の揚げ出し」

旬の素材をふんだんに使った懐石料理

　季節感のある和風月名が付けられたコース料理は、1カ月半から2カ月ほどで内容が変わる。例えば6月頃の水無月懐石では、初夏を感じさせるジュレ仕立ての一品を先附に。その繊細な盛り付けにも目を奪われる。遠方からのお客さんには丹波焼、近隣のお客さんには他地方の焼物を使うなど、器への心配りも。地元丹波や但馬など、兵庫を中心にした酒蔵を訪ねてそろえた純米酒が、さらに料理を引き立てる。

丹波篠山　里山懐石と純米酒　風和里　和食
（たんばささやま　さとやまかいせきとじゅんまいしゅ　ふわり）

- ￥ランチ5,000円
- ☎079-593-1655　住 丹波篠山市垣屋477-1
- 営［ランチ］11:30～16:00（二部制）［ディナー］18:00～22:00（21:30LO）ランチ、ディナーともに完全予約制（2カ月前から前日21:00までに電話予約）※小学生以下入店不可
- 休 不定休　P あり　[MAP] P31 C-2

八寸は「初夏の旬菜譜」

まるでキャンバスに描かれた絵のように艶やかな「野菜のひと皿」

メインは「篠山鶏のプレゼ」

美しく涼しげな一品は、えんすいトマトのフルーツゼリー寄せ

オーブンで4時間焼いた、玉ネギのじっくり焼き。別器で添えた焼くときに出た水分は、ほんのり甘いスープのよう

自家製素材で丹精込めた本格フレンチ

　コースの最初に登場する「野菜のひと皿」は、自らの畑でとれた野菜を中心に季節の恵みが勢ぞろい。敷地内で毎朝搾るヤギの乳や、平飼い鶏の生みたて玉子、自家栽培米など、食材をも作ってしまうシェフ。メインからデザートまで、豊かな自然の中で生まれる月替わりのメニューを存分に楽しみたい。

ボー・シュマン　フレンチ

- ￥コース4,000円、6,000円（ディナーはサービス料10%要）
- ☎079-506-2358　住 丹波篠山市小立299-1
- 営［ランチ］12:00～15:00
  ［ディナー］18:00～22:00
  ＊ランチ、ディナーともに要予約
- 休 不定休　P あり　[MAP] P30 E-2

江戸時代の庄屋屋敷で旬の味を堪能

　母屋の落ち着いた空間でいただけるのが、30種類以上の野菜を盛り込んだ和のコース。有機栽培の旬野菜は、香り、味ともに強く自己主張をするが、それを緩急つけた一品一品に仕上げるのが藤岡シェフの腕前。丹波の牛乳や卵で作る丹波路プリンや長期低温熟成のパウンドケーキなどのスイーツはお土産にも良し。

里山旬菜料理　ささらい　和食 カフェ
（さとやましゅんさいりょうり ささらい）

- ￥ランチ3,500円
- ☎079-556-3444　住 丹波篠山市日置397
- 営［ランチ］12:00～（1部制、完全予約制）［カフェ］10:00～18:00
  ［ディナー］4名より完全予約制
- 休 火・水曜（祝日は営業）　※10・11月は火曜のみ休み（祝日は営業、翌日休）
- P あり　[MAP] P30 D-3

自家製粉十割そばとジャズライブ

　福井県産の玄蕎麦を石臼で挽き、丹波の天然水でこね、薪釜で茹でる。純和風の外観ながら、店内にはレトロなオーディオやレコード、ピアノ、ドラムセット、ジュークボックスがあり、1970年製のジュークボックスは、スタッフに言えば無料で試聴できる。ジャズ好きの店主は、地元のジャズ仲間と月1回ジャズライブを開催。詳細は要問い合わせ。

<small>たざゑもん</small>
夛左ヱ門　麺

- ¥ ざるそば1,000円、天ざる1,600円
- ☎ 079-552-3989　🏠 丹波篠山市西岡屋209-3
- 🕐 11:30～14:30
- 休 火・水曜　P あり　[MAP] P31 C-3

天ぷらは旬の山菜や地元の野菜を使用

そば本来の味を楽しむために薬味は一切なし

自家栽培の玄そばを手打ちで

　メニューはそば切り、そばがき、そばがきぜんざいのみ。自家栽培の玄そばを石臼で挽いた自家製粉のそばは、薄く緑色がかっている。箸でたくさんつかむのではなく、少しつまんでつけ汁にさっとつけ、すぐ引き上げる。純粋なそばの味と香りを楽しむための一会庵流だ。茅葺き屋根の古民家で、ゆっくりした時とともに。

<small>なみのたんしゅうそばどころ　いちえあん</small>
波之丹州蕎麦処 一会庵　麺

- ¥ そば切り950円[税込]
- ☎ 079-552-1484　🏠 丹波篠山市大熊50-2
- 🕐 11:30～14:15(LO)
- 休 水・木・日曜　P あり　[MAP] P31 C-3

静かな里山にある一軒家で、丹波篠山の旬も楽しんで

茹でたて自家製粉の十割そば

　玄そばの殻を取り除いた抜き実を石臼で挽き、挽きたてのそば粉を朝に打ち、茹でたてのそばを提供する。これがおいしい蕎麦の条件「三たて」。同店の極細十割そばの特長だ。天ざるには、春はタケノコやタラの芽、秋は栗やしめじ、冬はカブや黒豆など、季節の食材を使った天ぷらが添えられる。

<small>てうちそば　くげ</small>
手打ち蕎麦 くげ　麺

- ¥ 天ざる1,455円
- ☎ 079-506-9802　🏠 丹波篠山市草ノ上227
- 🕐 11:30～14:30(売切れ次第閉店)
- 休 水曜、第1・3火曜　P あり　[MAP] P30 E-2

器には丹波焼を使用し、地元づくしを感じられる

地元産山の芋が入った二八そば

　築100年以上の茅葺きの古民家でいただく手打ちそばは、丹波篠山産の山の芋をつなぎに使用。とろろそばに別添えされるたっぷりのとろろは、ねばりの強い山の芋をすりおろしたもの。そばつゆにつけてそのまま食べると、もったりしているが、そばと一緒に食べるとつるりとなめらかで喉ごしがよい、篠山ならではの逸品だ。

<small>じねんじょあん</small>
自然薯庵　麺

- ¥ ざるそば900円、とろろそば1,200円
- ☎ 079-550-0727　🏠 丹波篠山市真南条上947-8
- 🕐 11:30～15:00(売切れ次第閉店)
- 休 水曜、第2・4木曜　P あり　[MAP] P31 C-4

丹波篠山郊外

手の込んだ前菜から、希少な本格エスプレッソまでじっくり味わって

イタリアの家庭料理を繊細かつ上品に再現

料理を教えてくれたトスカーナのマンマの家と雰囲気が似ていたことが決め手となった、築約150年の商家を改築。イタリア各地で習得した郷土料理の数々を手作りする。予約優先のランチパスタは、日本ではあまり見かけない本場のショートパスタをぜひ。自家製ソースとよく絡み、忘れられない一品だ。奥さん担当のパンとドルチェも本場仕込み。

とらっとりあ ある らぐー
Trattoria al Ragu　イタリアン カフェ スイーツ パン

- ¥ お任せランチ2,870円
- ☎ 079-506-3070　住 丹波篠山市福住384
- 営 12:00～18:00（ランチは14:30LO）
- 休 月・火曜　P あり　[MAP]P30 F-3
- →P59にも関連記事

左から抹茶ミルクスタウト、イングリッシュペールエール、アップルサイダー

オリジナリティあふれるクラフトビールを味わう

ビール好きが高じて自分で造ってみたいと丹波篠山に移住した井筒一摩さんが、50㎡ほどの小さな醸造所でビールを仕込む。ブルワリー定番の丹波路ピルスナーは、すっきりとして飲みやすい。燻製の香り漂うスモークエールや抹茶ミルクスタウトをはじめ、地元の丹波栗やゴボウを使った季節限定ビールなど、個性豊かにそろう。

たんばじぶるわりー　てらの・さうす
丹波路ブルワリー テラノ・サウス　その他

- ¥ 自家製ビール380円～
- ☎ 079-506-5119　住 丹波篠山市北155-3
- 営 [火・水・木曜]17:30～22:00 [金曜]17:30～23:00 [土曜]15:00～23:00
- 休 日・月曜（月曜が祝日の場合は日曜営業、月・火曜休）　P あり　[MAP]P32 B-4

名古屋コーチン地鶏のガラでとっただしに鶏の旨みがとけこむ

妥協なしで育てた鶏の旨みをまるごと堪能

最低でも半年という長期間飼育でエサにもこだわり、健康的に育てた名古屋コーチンの地鶏が楽しめる。水炊きコースでは、シャキッとした食感でさっぱりした旨みのあるモモ肉はもちろん、しっとりとしたムネ肉のおいしさにも驚く。雑炊までしっかりと堪能したい。名古屋コーチンの卵で作った濃い味のプリンもぜひ。

まつかぜや
まつかぜ屋　和食

- ¥ 水炊きコース3,800円[税込]
- ☎ 079-594-5454　住 丹波篠山市東古佐95
- 営 11:30～14:00、17:30～21:00
- ランチ、ディナーともに予約制
- 休 水・木曜　P あり　[MAP]P31 C-3

ランチ限定の海鮮丼は新鮮な海の幸がたくさん

新鮮な魚料理を個室で味わう

いけすに泳ぐのは、日本海や瀬戸内海から直送された新鮮な魚たち。地元産の米や野菜とともに、様々な料理でテーブルに並ぶ。店内は、すべて個室なので家族で利用しやすく、広い座敷では宴会もできる。冬は鯛しゃぶやフグ料理、もちろん地元でとれた猪のぼたん鍋も味わえる。

かつぎょかっぽう ほうぎょえん
活魚割烹 宝魚園　和食

- ¥ 昼／海鮮丼1,500円
- ☎ 079-593-1341　住 丹波篠山市川北新田52
- 営 11:30～14:00、17:00～21:00
- 休 火曜　P あり　[MAP]P31 B-3

カフェ

都会では味わえないスペシャルな空間で至極の一服を。

ごはんがおいしい元小学校のカフェ

2016年3月に閉校した福住小学校。まちづくり協議会が進めていた跡地活用に、篠山イノベーターズスクールでカフェ開業を目指していた原田久美子さんが手をあげ、スクールの仲間や協議会のメンバーと作りあげた。原田さんの義父が福住で作るコシヒカリのごはんはお代わり自由。おかずはごはんに合う家庭料理で、野菜中心。卒業生や元教員も通う地域の憩いの場になっている。

めしと、つけもんと、パンと　カフェ スイーツ パン

- ¥ めしとみそ汁とつけもの（セット）510円、本日のおかず360円[税込]
- ☎ 090-8197-1651
- 🏠 丹波篠山市福住342旧福住小学校
- 🕚 11:00～16:00
- 休 火・水・金曜
- P あり
- [MAP]P30 F-3　→P58にも関連記事

自家農園の野菜も使用した手作りのおかずはごはんがすすむ

廃材を再利用したカウンターや床の張り直し、塗装も市民らで行った

地域ボランティアのおかげで春は桜、秋は紅葉なども楽しめる

廃校から発信する地元のおいしい魅力

旧雲部小学校の校舎をカフェやアトリエに再利用。職員室はカフェになり、地元でとれた野菜などを使った、郷土料理や家庭料理を提供する。校長室には、近郊農家の野菜や米などを販売する直売所も。地域おこし協力隊の若者を中心に新企画も計画中。

さとやまこうぼうくもべ
里山工房くもべ　カフェ

- ¥ くもべ定食1,200円
- ☎ 079-556-2570
- 🏠 丹波篠山市西本荘西ノ山2-1（旧雲部小学校）
- 🕚 11:00～16:00（15:30LO、ランチは14:00まで）
- 休 火～木曜　P あり　[MAP]P30 E-3

手の込んだ3種のパンで、パスタソースも最後まできれいにぺろり

ほっこりカフェで味も量も大満足ランチ

家族で作る自家農園野菜を使ったランチが人気。生パスタランチは、淡路島の製麺所のもっちり麺に、自家製ソースと野菜などの具材がたっぷり。セットの自家製酵母の手ごねパンは、酵母の自然な甘さが引き立ち、弾力のあるほわほわの生地がおいしい。店主制作のドライフラワーを使用したリースが飾られ、癒やされる雰囲気だ。

かふぇ いにじお
Café inizio　カフェ

- ¥ 生パスタランチ（サラダ、パン、スープ、ドリンク付）1,190円
- ☎ 079-594-3366
- 🏠 丹波篠山市東吹513東吹センター2号館1F
- 🕚 11:00～14:30（ランチ）、14:30～18:00（カフェ17:00LO）
- 休 水曜　P あり　[MAP]P31 C-3

丹波篠山郊外

築100年のぬくもりあふれる古民家カフェ

　その時々にとれる野菜によって週ごとに内容が変わる「まめっこ弁当」。家族で育てた無農薬野菜をふんだんに使った12品のおかずが、2段の重箱につまっている。春のタケノコ、秋の黒豆の枝豆など、丹波篠山ならではの味覚も楽しみだ。デザートには、丹波大納言小豆で作る自家製餡と黒豆のきなこがおいしい「ばあまのおはぎ」をぜひ。黒豆を煮だした香ばしい黒豆茶とよく合う。

古民家カフェ まめっこ　カフェ
- ¥まめっこ弁当1,000円
- ☎079-506-6512　住丹波篠山市乗竹214-1
- 営11:00～17:00（12月～4月は16:00まで）
- 休日・月・火曜、臨時休業あり　Pあり　[MAP]P31 B-2

お母さんのお手製おはぎを味わって

季節の野菜と丹波篠山の味覚が堪能できる限定20食の「まめっこ弁当」

自家製スイーツはテイクアウトも可能

宇治抹茶ゼリーや吉野葛の葛餅に丹波黒豆きなこをたっぷりトッピングした「くずもちきなこパフェ」

のどかな風景と丹波の恵みを満喫

　近隣のふたば農園でとれたお米、季節ごとの野菜やフルーツを使ってランチやスイーツを提供する。おすすめは季節の果物を使ったケーキやドリンク。濃厚な果実の旨みを実感でき、シーズンを心待ちにするお客さんも多い。看板犬ならぬ3匹の看板山羊がまどろむ田園風景をながめながら、まったりと自分時間を楽しめる。

futaba cafe　カフェ
- ¥デザートプレート1,050円、ブルーベリースムージー680円[税込]
- ☎079-506-1573　住丹波篠山市八上内甲85-1
- 営11:00～18:00（17:30LO）
- 休水・木曜　Pあり　[MAP]P30 D-3

元保育園をリノベーションしたあたたかカフェ

　お遊戯室だった部屋がカフェになり、給食室が厨房に。当時のままのドアや窓枠、窓から見える庭の大きな木など、なつかしさあふれる空間だ。入口のショーケースに並ぶ「今日のケーキ」は3種類で、地元の牛乳や卵、オーガニック素材で作る。いろんなものが少しずつ食べられる「今日のおやつプレート」やパフェもおすすめだ。

monoile　カフェ
- ¥くずもちきなこパフェ950円、オレンジと紅茶のベイクドチーズケーキ650円
- ☎079-506-2418　住丹波篠山市大山新78（旧大山保育園舎）
- 営11:00～16:30(LO)　休不定休（前月20日にHPなどで告知）
- Pあり　[MAP]P31 B-3

「ここに来れば安心して食べられる、信頼できる店でありたい」と店主

We are what we eat.がコンセプトのオーガニックな珈琲店

有機豆を自家焙煎し、独自製法で抽出するエスプレッソ「マグナムブレンド」は、店主が求める味や香りを提供できるよう編み出した。アメリカーノアイスは、マグナムブレンドに氷と水を入れてシェイクする。苦み、甘みのバランスが完璧でコーヒーが苦手でも飲みほせる。ドリップコーヒーも雑味がなくクリアなキレ。北海道ノンホモミルクを使用して牛乳臭さが残らないラテも外せない。毎日でも通いたい上質な空間だ。

MAGNUM COFFEE　カフェ
まぐなむ　こーひー

¥ドリップコーヒー500円、カフェラテS450円、アメリカーノアイスL500円、ホットドッグプレーン450円[税込]
☎080-9471-7894　住丹波篠山市福住317
営8:00～18:00
休火曜　Pあり　[MAP]P30 F-3

ホットドッグには、無塩せきソーセージ、手作りトマトソース、大阪の自家製天然酵母パンを使用

居七十七の器に盛り付けた篠山産のお米が入った自家製焼き菓子

木工家具と食器に魅せられる古民家カフェ

大阪で家具職人だった野澤裕樹さんが木工作家として夫妻で独立移住。古民家を改築し、田園風景を臨める喫茶室も併設した。日常使いできるものを作りたいと、独学で創作する木工食器は、白木や拭き漆、絵付けなど表情の違うものが様々。使うほどに味の出る木製家具や食器は、次世代に伝えたい価値がある。

居七十七　カフェ 買い物
いなとな

¥珈琲ホット450円（自家製クッキー付500円）、アダおばさんの米入りタルト450円
☎079-506-0343　住丹波篠山市大山上517
営12:00～17:00
休木～土曜（冬は火～土曜）　Pあり　[MAP]P31 A-3

いちごのモンブラン、三色ロールケーキ

看板ウサギ、みぃみちゃんにちなんだクッキー

看板ウサギのいるカフェ

山の麓の小さなカフェは、レトロアメリカン風の雑貨が飾られたあたたかい雰囲気。地元の人がコーヒーにたっぷり砂糖やミルクを入れるのを見て、飲みやすいようにマイルドにオリジナルブレンド。オーダーが入ってから豆を挽いてハンドドリップし、コーヒーそのもののおいしさを伝える。月1回のJazz Liveには多くの人が集まる。

Café take5　カフェ
かふぇ ていくふぁいぶ

¥季節のケーキセット650円、Jazz Live1,500円[税込]
☎090-1584-1670　住丹波篠山市上板井908
営9:00～18:00
休木曜（イベントやLIVEなどで変更あり）
Pあり　[MAP]P31 B-2

丹波篠山郊外

雑貨
長く愛せる、次に残せる良品に出会いにいこう。

日本の暮らしにもすっとなじむアジアからの家具や雑貨もある

長く大切に使い続けたいアイテム

　主に大正時代から昭和初期に使用されていた家具や調理器具、食器などの古道具を販売。職人仕事の確かさや昔の丁寧な暮らしぶりが伝わる品々。近畿圏内を中心に出張買取を行っているので、おうちに眠っている"お宝"を見つけたら相談してみて。

ふるどうぐつばくら
古道具ツバクラ　買い物

- 079-506-2625
- 丹波篠山市大山宮336
- 10:00〜18:00
- 火曜　あり　[MAP] P31 A-2

手縫いの着心地と楽しさを教えてくれる教室

　播州布の服を手縫いで作る。既製服やミシンで一気に仕上げたものとは違う、やわらかな風合いがある。"縫う"ことだけが目的ではなく、ここで過ごす時間を丸ごと楽しむための教室だ。裁断済みのキットなので、初心者でも取り組みやすい。ポーチなどの小物から始めても。チクチクひと刺しに込める時間を楽しもう。

しろつばき
白椿　体験　買い物

- 小物やかばんなど2,000円〜、パンツやシャツなどの服 13,000円〜（ともにランチ、材料費込）※教室スケジュールはHPで確認を
- 079-596-0133　丹波篠山市大山宮293
- 10:00〜17:00
- 火曜　あり　[MAP] P31 A-2

年に数回訪れる遠方からのリピーターも多いとか

イギリスの伝統的な補修法ダーニングも教えてくれる（左上）。播州布やオリジナルの縫い糸などの販売も

ロゴもかわいい4種類の地ビール

明治初期の古民家で造りたての地ビールを

　宿場町、福住にできた地ビールの醸造所。モルトがしっかり感じられるピルスナーは、副材料に地元の米を使っている。ホップの香りが芳しいペールエール、苦味をおさえた白ビールのヴァイツェン、そして地元の焙煎所のコーヒー豆を加えたドライな黒ビール、スタウト。できたてのフレッシュな味を楽しもう。ここで飲んでもテイクアウトでもOK。

たんばささやま　たびじのぶるわりー
丹波篠山 旅路のブルワリー　買い物

- ハーフパイント500円、パイント800円
- 090-1766-8761　丹波篠山市福住385
- 17:00〜22:00（土日・祝日のみ営業）
- 不定休　あり　[MAP] P30 F-3

おみやげ
ビール党のあなたに、あの人に、喜ばれること間違いなし。

竹や陶器などの実用工芸品も取り扱っている

ケヤキやクリ、サクラなどで作った食器類。篠山や丹波の木材を使うこともあるという

スイーツ&パン

地元の人にも愛される甘い誘惑は丹波篠山ならではの粒ぞろい。

ベーグルは15種類中、日によって5〜6種類が並ぶ

クリームパンやメロンパンも卵・乳製品不使用で、アレルギーの子どもにも安心

一番人気の「フェイク」は、チョコと木苺のガナッシュなど三層のチョコを木苺のムースで包む。台座に食感を楽しめる工夫が

安心素材で体にやさしい自然派パン

卵や乳製品を使わない国産小麦のパンが常時10〜20種類。生地の一部を熱湯でこねる湯だね製法の食パンやベーグルは、一晩おいた長時間発酵で、もちもちとした食感に仕上がる。人気のいちじくとクリームチーズのベーグルをはじめ、夏はレモンあんぱん、秋はサツマイモのパンなど、季節の野菜や果物が味わえるパンがそろう。

ひと工夫加えた楽しいケーキぞろい

大阪や神戸などで経験を積んだ店主が2014年にオープンしたケーキ店。地元食材も使用し、食感や香りなど細かい仕掛けがちりばめられ、遊び心も楽しいケーキが並ぶ。「住山ごぼうのガトーショコラ」は、自家栽培ゴボウをキャラメルで炊いたシャリシャリ感が美味。ミルクチョコでコーティングしてさらにひと手間。

(ののはな)
NONOHANA　パン
¥ベーグル170円〜、食パン330円
☎079-506-6625　住丹波篠山市八上上299
営10:00〜18:00(土・日曜 9:00〜売切れ次第閉店)　休月・火曜、祝日
Pあり　[MAP]P30 D-3

(ぱてぃすりー　えむず　ぱっしょん)
Patisserie M's Passion　スイーツ
¥住山ごぼうのガトーショコラ1本900円、1カット200円、フェイク420円
☎079-558-7111　住丹波篠山市杉264-1
営10:00〜19:00　休木曜、不定休　Pあり
[MAP]P31 B-3

季節の果実を使ったケーキも

テレビでも紹介されたピーナッツメロンパン(写真左下)は、ホワイトチョコ&ピーナッツバターが特徴

パン、スイーツともにカフェでのイートインが可能

モーニングから楽しめるパン&カフェ

2017年オープンの夫婦で営むパン屋さん。クロワッサンやバターロール、あんぱんなどの定番から日によって内容が変わる調理パンまで、毎日20種類以上のパンが並ぶ。よつ葉バターをふんだんに使ったクロワッサンは、時間が経ってもやわらかい。ボリュームたっぷりのモーニングや生食パンのようにしっとりした美しい里食パンを使ったサンドイッチのランチなど、イートインも楽しめる。

子どものおやつにビールのお供にも

焼き菓子工房KURURIとしてパンやスイーツを製造販売していた原田さん。カフェ"めしつけ"オープン以降は工房での販売は休止し、こちら一本で営業している。国産小麦やよつ葉バターを使用したパンやクッキーは、素朴でやさしい味わい。黒こしょうのきいた米粉ビスコッティは、近所のおっちゃんのリクエストから生まれた人気商品だそう。

(うつくしいさとのぱんやさん　べる　ゔぃらーじゅ)
美しい里のパン屋さん Belle Village　パン
¥クロワッサン160円、ピーナッツメロンパン250円
☎079-506-4762　住丹波篠山市寺内343-5
営7:00〜18:00
休月・火・水曜、毎月1日　Pあり　[MAP]P31 C-3

めしと、つけもんと、パンと　カフェ スイーツ パン
¥給食の黒豆きなこあげパン140円など、米粉ビスコッティ黒こしょう200円など[税込]
☎090-8197-1651　住丹波篠山市福住342旧福住小学校
営11:00〜16:00
休火・水・金曜　Pあり　[MAP]P30 F-3
→P54にも関連記事

丹波篠山郊外

はちみつ入りの香り高い生地は、カステラ風でしっとりふわふわ

とろりとなめらかなクリームは、オーダーを受けてから入れてくれる

店内にはイートインスペースがあるので、お茶と和菓子を一緒にいただける

自家製黒豆煮の しっとりロールケーキ

　黒豆を使ったスイーツが評判の洋菓子店。川北ロールの黒豆煮は、丹波篠山産黒大豆にバニラビーンズを加え、甘さ控えめに炊き、新鮮な丹波産の卵と北海道産小麦、はちみつでふわふわ生地に仕上げ、さっぱりした純生クリームとともに巻く。濃いストレートティーと相性抜群だ。

お菓子屋 豆畑　スイーツ
(おかしや　まめばたけ)

¥ 川北ロール1,150円
☎ 079-593-1552　住 丹波篠山市川北新田52
営 10:00〜18:30
休 火曜　P あり　[MAP] P31 B-3

さくさくシュー皮と、 とろ〜りカスタード

　店の前に停まる白とオレンジのワーゲンが目印のケーキ店。さくとろのシュークリームが人気だ。しっかりとした厚めのシュー皮は、2時間かけて焼きあげるのでさっくさく。シューの中には、米粉と春日町の自然卵を使った黄身が濃厚な特製カスタードクリームがたっぷり。そのほか、ロールケーキやプリンもおすすめ。

スイーツファクトリー　スイーツ

¥ シュークリーム176円
☎ 079-594-4037　住 丹波篠山市網掛412-1
営 10:30〜18:30
休 水曜、不定休あり　P あり　[MAP] P31 B-3

丹波茶とこだわり食材の 和菓子が人気

　丹波茶の栽培から加工、販売までを手がける日本茶と和菓子の店。素材や水にもこだわり、納得のいくものしか使用しない。通年商品として人気のある「栗どら」は、新鮮卵を使ったふんわり生地がおいしい。丹波大納言小豆をやわらかく炊きあげたつぶ餡と、大きめに刻んだ丹波栗の甘露煮がたっぷり入っている。

諏訪園 インター店　スイーツ
(すわえん　いんたーてん)

¥ 栗どら200円[税込]
☎ 079-594-2226　住 丹波篠山市杉字三反町164-2
営 9:00〜18:30(喫茶は18:00まで)
休 水曜(祝日は営業、翌日休)　P あり　[MAP] P31 B-3

イタリア産食材を使用したレモンのドルチェ、ティラミス、レモンのタルト

幸せな余韻をもたらすエスプレッソとドルチェ

　神戸市内で10年間エスプレッソ専門店を営んでいた店主が淹れるエスプレッソは、ほかでは味わえないコクと余韻が広がる。淹れ方に熟練の技が求められる本場ナポリ式マシンを使用。正しい飲み方も教えてもらおう。製菓栄養士の奥さんがイタリアで感動し、独学で究めたパンやドルチェとの相性は言わずもがな。秋限定のモンブランは、福住産栗を渋皮煮にし、ペーストにも使用した贅沢な逸品。

Trattoria al Ragu　イタリアン カフェ スイーツ パン
(とらっとりあ　ある　らぐー)

¥ デリツィア アル リモーネ540円、ティラミス648円、有機シシリーレモンのタルト580円、カフェ・エスプレッソ300円、丹波篠山福住産渋皮煮のモンブラン648円、グラッファ320円、ボンボローネ430円、チャバッタ560円、フォカッチャ320円
☎ 079-506-3070　住 丹波篠山市福住384
営 12:00〜18:00(ランチは14:30LO)　休 月・火曜　P あり　[MAP] P30 F-3
→P53にも関連記事

トリノの青空市場のチャバッタや街角で食べ歩いたフォカッチャを再現

丹波栗の甘みをまるごと閉じ込めたパイ

初心は、生姜、黒豆、山椒の他に柚子や桜など季節のものも

野菜を中心に和洋中様々な味付けで品数も豊富

黒豆入りのかき揚げなど、特産品も

オリジナル料理が楽しめる

地元の恵みを和洋折衷のお菓子に

栗や山の芋などの特産品を扱う河南勇商店のアンテナショップとして、丹波の自然の恵みを生かしたお菓子が並ぶ。丹波栗がまるごと入った丹波栗パイ、丹波茶と地卵、地酒を使ったカステラ、コシヒカリの玄米で作るポン菓子の初心（ういごころ）など、どれも女性パティシエが作るやさしい甘さ。同じ敷地にある古民家レストランの帰りにお土産を選ぼう。

五節舎やまゆ　カフェ
（ごせちや）
- ¥ 丹波栗パイ600円、丹波茶のカステラ600円、初心500円
- ☎ 079-590-1262　🏠 丹波篠山市網掛81
- 🕐 10:00～17:00
- 休 火曜　P あり　[MAP] P31 B-3
- →P50にも関連記事

田舎バイキングでおふくろの味を堪能

毎朝届く、とれたて野菜を料理したバイキングは、農業が盛んな西紀地区ならでは。サラダ、和え物、煮物、汁物と、豊富なメニューでどれもたっぷり野菜がとれる。ご飯類ももちろん地元産で、精米したてのもちもち感と甘みにびっくり。ショップでは新鮮野菜のほかに特産品や土産物も充実し、10月には黒枝豆収穫体験も楽しめる。

黒豆の館　和食 買い物
（くろまめ やかた）
- ¥ 田舎バイキング食べ放題 大人1,200円、小学生850円、3～6歳550円
- ☎ 079-590-8077　🏠 丹波篠山市下板井511-2
- 🕐 [バイキング]11:10～15:00（入店は14:00まで）[ショップ]9:00～17:00
- 休 火曜（祝日は営業、翌日休）　P あり　[MAP] P31 B-2
- →P23にも関連記事

JR篠山口・丹南篠山ICから近い便利なスポット

丹波ささやまホロンピアホテル　☎ 079-594-2611　🏠 丹波篠山市中野76-4　休 なし　P あり　[MAP] P31 B-3　→P28にも関連記事

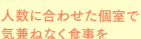

深夜まで楽しめる創作和食の居酒屋

ビジネスホテルの上階にある居酒屋なので、とっても便利。大阪の市場と明石の昼網で届く新鮮な魚に、野菜はもちろん地元産が中心。軽食から締めのご飯まで豊富なメニューで、夜中までゆっくりできるとあって、宿泊客以外にも地元の人で賑わう。

魚菜 うえぱら　和食
（さかな）
- ¥ お造り3種盛合せ1,130円、シーザーサラダ950円、本日の一夜干し750円、鯖寿司650円、本日のクラフトビール590円
- ☎ 079-594-2611（10:00～15:00）、079-594-2767（15:00～24:00）　🏠 丹波ささやまホロンピアホテル5F　🕐 17:00～24:00
- 休 なし　P あり　[MAP] P31 B-3

人数に合わせた個室で気兼ねなく食事を

2名から50名まで、大小いろいろある個室が便利。いけすの魚は造りや寿司に、鶏は炭火でこんがりと、多彩なメニューが楽しめる。子ども向けメニューやデザートがあるので、ファミリーもゆっくりできる。

ごちそう家 はなぱら　和食
- ¥ おまかせ握り6カン820円、焼き鳥盛合せ990円
- ☎ 079-590-1187　🏠 丹波ささやまホロンピアホテル向かい　🕐 17:00～24:00　休 なし　P あり　[MAP] P31 B-3

バラエティにとんだ料理のファミリーレストラン

ランチ、カフェ、ディナー、どの時間帯でも目的に合わせて食事ができる。和食と洋食、多彩なメニューの中でもとりわけピザが人気。もちもちした生地は手作りで、たっぷりの具材にチーズが香ばしい。

ファミリーダイニング パラパラ　洋食 和食
- ¥ ピザS900円～[税込]、チーズインハンバーグ940円
- ☎ 079-590-1333　🏠 丹波ささやまホロンピアホテル横　🕐 11:00～22:00　休 なし　P あり　[MAP] P31 B-3

今田町

 # 丹波焼の郷・今田町

800年の伝統を受け継ぐ焼き物の町

丹波篠山市今田町の立杭地区。ここは日本六古窯のひとつ、丹波焼の町。日本六古窯とは、中世から現代まで継続して陶器の生産を続けている6つの産地のことで、越前・瀬戸・常滑・信楽・備前、そして丹波のことを言う。

立杭地区は、東に虚空蔵山、西に和田寺山、ふたつの山の谷あいを流れる四斗谷川に沿った静かな町で、現在60軒ほどの窯元がここで作陶に励んでいる。

この地区で作陶が始まったのは1200年頃、平安時代末期から鎌倉時代のはじめだったとされている。農閑期の仕事のはじめだったものが、1600年頃に、それまで使われていた穴窯に加えて効率的な登り窯(蛇窯)が取り入れられ、蹴りろくろの普及もあって、生産量が大幅に増えた。

初期の登り窯の形状を残し、今も使われている窯がこの地区で大切に保存されている。1895(明治28)年に作られたもので、全長47メートル、9つの焼成室がある。山の急な斜面を利用し、焼成室に陶器と松薪を入れた後、下の焚き口から火を入れる。老朽化が進んだため、2015年の秋に2年の歳月をかけて窯元や一般ボランティアの手によって修復を終えた。その後は、定期的に活用されている。

丹波焼最古の登り窯 [MAP]P30 F-2

兵庫県の重要有形民俗文化財に指定されている

◎丹波焼の町の楽しみ方

立杭陶の郷や兵庫陶芸美術館(P65に関連記事)で丹波焼のことを見て、窯元の工房が並ぶ町内を散策しよう。工房併設のショップで掘り出し物を探したり、陶芸家との出会いも楽しいもの。町内には飲食店や温泉もあるので、この町で充実した1日を過ごすことができる。

今田グルメガイド
http://konda-gourmet.tanba-sasayama.com/
今田町の飲食店情報を地元の店主らが発信中!

丹波焼の未来を担う若き陶芸家たち「グループ窯(よう)」

伝統的なしのぎの技術をアレンジ

毎年秋に開催され、多くの人が訪れる丹波焼陶器まつり。1977(昭和52)年、若き陶芸家たちが丹波焼の振興を目的に始めたもの。「グループ窯」と名付けた若者たちの小さな一歩が40年以上続き、大きく成長した。現在の「グループ窯」のメンバーの作品を紹介しよう。

ポット 14,000円

しのぎの象嵌カップ 4,000円

大上裕樹(昇陽窯(しょうようがま))
☎079-597-2213 丹波篠山市今田町下立杭8
[MAP]P30 F-2

涼やかで上品な新しいブルーを生み出す

ボーダーカップ 2,500円

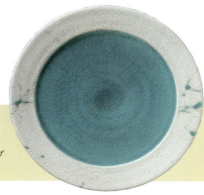

トルコブルーリム皿 4,500円

市野健太(雅峰窯(がほうがま))
☎079-597-2107 丹波篠山市今田町上立杭355
[MAP]P30 F-2

今田町

シャープなしのぎに斬新な色をのせて

彩色しのぎ皿
3,000円

彩色しのぎ皿
3,000円

上中剛司（稲右衛門窯）
（いなうえもんがま）
☎079-597-3105　丹波篠山市今田町下立杭183
[MAP]P30 F-2

縁起が良いとされる万年青の緑色を再現

万年青（オモト）輪花皿
小3,000円

大4,500円

清水万佐年（千代市陶房）
（ちよいちとうぼう）
☎079-597-2288　丹波篠山市今田町上立杭防ノ垣5
[MAP]P30 F-2

食卓に映える独自のグラデーション

瑠璃釉マグカップ
4,000円

釉彩鉢
7,000円

市野秀作（省三窯）
（しょうぞうがま）
☎079-597-3450　丹波篠山市今田町上立杭2-2
[MAP]P30 F-1

やさしさとかわいらしさをデザイン

銀河カップ
1,500円

刷毛目茶碗
1,300円

市野和俊（丹波まるいち窯）
（たんばまるいちがま）
☎079-597-2654　丹波篠山市今田町上立杭387
[MAP]P30 F-2

丹波焼の作家8人が創り出す
洋食器の世界

和食器のイメージが強い丹波焼の新しい形として、洋食器作りに取り組み、「TS」「TS+」ブランドを展開。シンプルでスタイリッシュ、現代のライフスタイルに合った器が完成した。

TS リムプレート L3,800円、M2,300円、S1,300円

TS（ティーエス）
伝統的な技法「しのぎ」をあしらい、丹波焼の代表的な色「丹波黒」と「白丹波」をマット調にアレンジ。

オーバルプレート　3,300円

TS スタッキングボウル L 3,500円、M2,500円、S1,500円、SS1,300円、3S1,000円

TS+（ティーエスプラス）
「TS」をベースに、8人の作家が独自の色や細工を施した個性的な器たち

つぼいち
壺 市　市野元祥
丹波篠山市今田町上立杭330
079-597-2664
[MAP] P30 F-1

がほうがま
雅峰窯　市野秀之
丹波篠山市今田町上立杭355
079-597-2107
[MAP] P30 F-2

さとるがま
悟 窯　市野哲次
丹波篠山市今田町上立杭398
079-597-3006
[MAP] P30 F-2

とうかつがま
陶勝窯　市野勝磯
丹波篠山市今田町上立杭2
079-597-3050
[MAP] P30 F-2

たんすいがま
丹水窯　田中聡
丹波篠山市今田町上立杭篠尾口2-5
079-597-2371
[MAP] P30 F-1

まるはちがま
丸八窯　清水義久
丹波篠山市今田町上立杭363-1
079-597-2102
[MAP] P30 F-2

げんうえもんがま
源右衛門窯　市野太郎
丹波篠山市今田町上立杭451
079-597-2650
[MAP] P30 F-2

たんぶんがま
丹文窯　大西雅文
丹波篠山市今田町下立杭67
079-597-2089
[MAP] P30 F-2

今田町

特別展のほか、2,000点余りのコレクションを紹介するテーマ展を開催

数種類から選べるパスタをメインに、前菜からデザートまでコースになった「虚空蔵ランチ」

好みのケーキとドリンクをセットで

多彩な陶磁器コレクション

　日本遺産に認定された六古窯のひとつである丹波焼の名品を常設展示しているほか、古陶磁から国内外の現代陶芸作品まで幅広く展示している。工房を活用した教室では、初心者から上級者まで参加できる様々なプログラムがある。展望デッキからは、丹波焼の里が一望できる。

ひょうごとうげいびじゅつかん
兵庫陶芸美術館 見どころ 体験

- ¥ 観覧料は展覧会ごとに異なる　※入館無料
- ☎ 079-597-3961　住 丹波篠山市今田町上立杭4
- 営 10:00～18:00(7～8月の土・日曜は9:30～19:00、GWは10:00～19:00、入館は30分前まで)
- 休 月曜(祝日は営業、翌日休)　P あり　[MAP] P30 F-2

ミュージアム帰りにゆっくりと

　広いデッキから丹波焼の里が望めるイタリアンレストラン。前菜からデザートまで、充実の虚空蔵ランチは、もっちり感のある生パスタがおいしい。日替わりシフォンケーキなど、手作りケーキはセットでお得に。季節メニューの陶板焼フルコースもあり、カフェに食事にと幅広いシーンで利用できる。

こくぞう
虚空蔵 イタリアン

- ¥ 虚空蔵ランチ1,700円、ケーキセット700円～
- ☎ 079-590-3633　住 丹波篠山市今田町上立杭4　兵庫陶芸美術館内
- 営 11:00～18:00(17:00LO)
- 休 月曜(祝日は営業、翌日休)　P あり　[MAP] P30 F-2

アート＆グルメ

魅力的な器がたくさん

窯元のブースで器を選ぼう

陶芸体験にチャレンジ

釜めし定食などの食事はもちろん、手作りカフェメニューも楽しめる

丹波焼の歴史と魅力を体感

　丹波焼を見て、触れて、体験できる複合施設。伝産会館では鎌倉から江戸時代の古丹波と現代作家の作品を展示し、映像で丹波焼を紹介している。約50軒の窯元の作品を展示販売する窯元横丁は圧巻で、窯元それぞれの個性豊かな器の魅力に触れることができる。せっかくだから陶芸体験もやってみよう。

たちくい すえのさと
立杭 陶の郷 見どころ 体験

- ¥ 高校生以上200円、小学生90円[税込]
- ☎ 079-597-2034　住 丹波篠山市今田町上立杭3
- 営 10:00～17:00
- 休 なし　P あり　[MAP] P30 F-2

丹波篠山の特産品グルメを堪能

　陶の郷の中にある和食店。使っている器はもちろん丹波焼。猪肉、丹波地鶏、黒豆、山の芋など、丹波の特産物がメニューに。獅子銀名物の丹波御膳は、しし鍋と釜めしをセットで。冬場は、ぼたん鍋や猪肉のしゃぶしゃぶも楽しめる。ティータイムには、黒豆きな粉を混ぜ込んだシフォンケーキがおすすめ。

ししぎん　すえのさとてん
獅子銀 陶の郷店 和食

- ¥ 釜めし定食1,300円、獅子銀御膳2,500円、黒豆のシフォンケーキ(ドリンク付)700円
- ☎ 079-597-2173　住 丹波篠山市今田町上立杭3　立杭 陶の郷内　営 10:00～18:00　※飲食利用のみの場合は陶の郷入館料不要
- 休 木曜　P あり　[MAP] P30 F-2

今田の四季を感じられるくつろぎ空間

全面ガラス張りの店内からは、どこに座っても美しい山々と広い空が目に映り、刻々と変わる今田町の季節を感じることができる。地元の土を使って「版築」という古き良き工法で仕上げた壁やオーナー自作の家具、ジャズレコードのBGMなど、どれをとっても極上だ。おすすめはパティシエの娘さんが作るケーキ。ガトーショコラなど3種類を用意する。一杯ずつ丁寧に淹れるコーヒーとともに味わいたい。

料理やドリンクを提供する器は、ほとんどが地元立杭の大雅工房のもの

Touya cafe カフェ
（とうや かふぇ）

¥ 日替わりランチ1,200円
☎ 079-506-6930
住 丹波篠山市今田町休場241-2
営 11:30～17:00（16:30LO）、（土・日曜は11:00～）、11～3月は16:00まで（15:30LO）
休 火～木曜
P あり
[MAP] P30 F-1

看板犬は、英国ゴールデンレトリバーのクラウディアちゃん

ビニールクロスやアルミサッシなどの工業製品は一切使わず仕上げた建物

半2階の凝った造りの店内では、冬になると薪ストーブが登場する

素材のよさが味わえるシンプルなマルゲリータ

いくつもの季節の素材を組み合わせ、いろいろな味が楽しめるひと皿

自家製ソースと地元食材のハーモニー

オーダーを受けてから1枚ずつ生地をのばし、丹波焼の登り窯の構造を模した薪窯へ。400度で1分ほどで焼きあがるピザは、外はパリッ、中はもっちとした食感。自家製トマトソースと三田日向牧場のモッツァレラチーズを使った定番のマルゲリータはもちろん、スダチを絞って食べる秋限定の松茸ピザも外せない。

DONO イタリアン
（どーの）

¥ マルゲリータ1,300円、ランチセット（サラダ、ドリンク付）は＋300円［税込］
☎ 079-597-3714
住 丹波篠山市今田町釜屋629
営 11:00～15:00（14:30LO）
休 月曜（祝日は営業、翌日休）
P あり [MAP] P30 F-2

立杭の里で味わう彩り豊かな日本料理

静かな山里で素材の味を大切にした本格的な会席料理が楽しめる。野菜のムースに和風だしのジュレを合わせるなど、店主が生み出す料理は、和洋の素材と調理法の組み合わせが絶妙。丹波焼の器で供される美しい料理に目をみはる。ゆったりとしたモダンな空間で、繊細な季節の味を心ゆくまで楽しみたい。

旬菜・地野菜 みやま 和食
（しゅんさい じやさい）

¥ 昼2,500円～、夜3,500円～
☎ 079-597-2990
住 丹波篠山市今田町上立杭1-455
営 11:30～13:30（LO）、18:00～19:30（LO）
休 火曜、第2月曜
P あり [MAP] P30 F-1

今田町

旨みたっぷりの「鴨南蛮」

季節のごはんなどがセットになった「ねじきのとも」

季節野菜が中心の天ぷらと山菜ごはんがセットになった天セイロ定食

細くしなやかで
コシの強い十割そば

　福井産の玄そばを自家製粉してコシの強い麺を作り出す店主。鋭利な包丁で前後に引き切る独自の手法「裁ち切り」は、断面がなめらかで「角が立つ」から、あたたかいだしの中でも、のびずにコシが残る。炒めた鴨とネギの上にたたき状の鴨ロース肉をのせた鴨南蛮で、その味を確かめよう。

いっしんぼう
一眞坊　麺

- ¥ もりそば大1,500円、中1,000円、鴨南蛮1,800円、鴨ごはん500円［税込］
- ☎ 079-506-3956　住 丹波篠山市今田町釜屋29-2
- 営 11:00〜15:00　休 月曜　P あり　[MAP] P30 F-2

種から育てた自家製の
手打ち十割そば

　自然に囲まれた黒石ダムのほとり。5人の幼なじみが何十年もかけて作り上げた空間「時夢館」で、そばを打つ。自分たちで育てたそばの実とねじきの伏流水だけで作る、のど越しのいい十割そばだ。ふるさとを盛り上げたいという思いを伝える夢の空間に、たくさんのお客さんが訪れる。

たいむはうす　ねじきそば
時夢館 ねじき蕎麦　麺

- ¥ ねじきのとも1,200円、冷そば800円、季節のおにぎり300円
- ☎ 079-597-3364　住 丹波篠山市今田町黒石ねじき96-8　営 11:00〜売切れ次第閉店
- 休 月〜木曜（祝日は営業）　P あり　[MAP] P30 A-4

つるりとした十割そばを味わう

　自家製粉したそば粉で打つ十割そばは、つなぎを一切使わずしなやかなのど越し。十割そばのおいしさを最大限に味わえるセイロは天セイロや鴨セイロなどがそろい、山菜ごはんがつくセイロ定食もある。強烈な辛さがクセになる辛味大根を添えた辛味そばもリピーターが多い一品だ。

そばきり　ゆるり
蕎麦切 ゆる里　麺

- ¥ 天セイロ定食1,600円、辛味そば定食1,370円［税込］
- ☎ 079-597-3723　住 丹波篠山市今田町今田3-16
- 営 11:00〜14:30(14:00LO)売切れ次第閉店
- 休 火・水曜（祝日は営業）　P あり　[MAP] P30 F-1

卵は5個までOK（黄身のみは3個まで）

新鮮な卵&ごはんの
シンプルなおいしさ

　炊きたてのコシヒカリに三田高原の平飼い鶏の卵「おもいやり・たまご」がついた定食がメインメニュー。その日の朝に生まれた卵は濃厚で、国産丸大豆のオリジナル醤油をかけると箸が止まらないほどごはんが進む。醤油は数種類から自分で選べ、卵とともに買って帰ることもできる。

たまごかけごはんのみせ　たまのすけ
たまごかけごはんの店 玉の助　和食

- ¥ 卵かけ定食454円、ごはんのお代わり250円
- ☎ 079-506-6946　住 丹波篠山市今田町小野原821-1
- 営 10:00〜17:00（土日・祝日は18:00まで）
- 休 火曜、第1・3月曜（祝日は営業、翌日休）
- P あり　[MAP] P30 F-1

野菜たっぷりのワンプレートランチでおなかいっぱいに

かぼちゃのチーズケーキは、湯煎焼きでなめらかな仕上がりに

店全体がアートのような気品漂うリノベカフェ

　1943（昭和18）年から47年間郵便局として使われていた建物をリノベーションしたカフェ＆ギャラリー「colissimo」。2018年からカフェ部門に新たな店主を迎え「colissimo_cafe selen」として地元野菜を使ったワンプレートランチやケーキを提供している。元の建物をセンスよく生かした、古き良きものが醸し出す雰囲気を堪能しよう。

こりしも　かふぇ　せれん
colissimo_cafe selen　カフェ

- ¥ ワンプレートランチ1,000円、かぼちゃのチーズケーキ、ホットコーヒー各500円
- ☎ 079-506-3101　住 丹波篠山市今田町下小野原3-7
- 営 11:30〜18:30(18:00LO)　休 火・水曜（祝日の場合は変更あり）　P あり　[MAP] P30 F-1

丹波市

ジビエ料理を堪能する丹波リゾート

柏原町でジビエ料理専門店を営んでいた「無鹿」が、宿泊施設を備えて移転リニューアル。築約100年の古民家を、建具などはほぼそのまま残し、古材なども積極的に利用して改装した。イギリス製のアンティークの照明やテーブルが配され、和洋と新旧が調和した独特の世界が広がる。鹿肉は下処理の手間をしっかりかけるから、臭みがなくやわらか、あっさりとしたおいしさが堪能できる。

無鹿リゾート（むじかりぞーと） 和食 宿泊

- ¥ 無鹿のコース2,800円、宿泊(1泊2食付、税・サ別)20,000円～
- ☎ 0795-88-5252　住 丹波市春日町下三井庄1017-1
- 営 11:30～15:00（14:30LO）、18:00～22:00（21:30LO）
- 休 水曜　P あり　[MAP]P68 C-3

この日のメインは鹿肉の竜田揚げ、タンのスライス、鹿ロースの蒸し焼きの3種類

何もないところだからこそ、ゆっくりとした時間が流れる

宿泊は1日1組限定。蔵が寝室で最大5名宿泊できる

自家栽培の小麦や大豆で、調味料まで手作り

「今、農村はおもしろい！」をキャッチフレーズに、江戸時代から続く農家を営む婦木さん一家。夜と朝のごはん時、農家体験施設「まる」の食卓には、自家産の野菜や肉、調味料を使った手料理がたくさん並ぶ。宿泊者はここで婦木さん夫妻と食卓を囲む。おいしい料理に作り手との会話もはずみ、特別な時間を過ごせる。

婦木農場（ふきのうじょう） 和食 宿泊 体験

- ¥ 宿泊(1泊2食付)大人8,000円、幼児～小学生7,000円、3歳以下6,000円
- ※3～11月の営業。毎月第1・3日曜はカフェ&オープンファームデイを開催
- ☎ 0795-74-0820　住 丹波市春日町野村83　休 不定休　P あり　[MAP]P68 C-3

野菜作りのほかに、鶏や牛も飼育し、とれた卵や牛乳からチーズやプリンも作る

ある日の春の献立はポトフ、いんげん、豆ごはん、そら豆のグリルなど旬の野菜がたっぷり

柏原
Kaibara

デザートのゼリーやムースもパティシエの手作り。パンは地元のパン屋「穂音」と「よしだ屋」のもの

子ども連れも歓迎のヘルシーなビュッフェ

たんば黎明館のおしゃれな雰囲気の中で、ビュッフェが1,000円ちょうどで食べられるとあって、地元客からの信頼も厚い。スパイスを炒めて作る本格的な味わいのトマトキーマカレーやローストチキン、婦木農場ほか地元産の野菜を使ったサラダバイキングなどメニューは盛りだくさん。栄養バランスもよく、デザート、フリードリンクもつくとなれば、その人気にも納得。

たんばーる
TANBAR　その他（バイキング）

- ランチビュッフェ1,000円[税込]　0795-73-0096
- 丹波市柏原町柏原688-3たんば黎明館2階
- 11:30～17:00(16:30LO)※ビュッフェは13:00LO
- 水・土・日曜　あり　[MAP]P70 B-1

畳の上のテーブル席で和風フレンチ

1885（明治18）年に建てられた「たんば黎明館」の1階にある。靴を脱いであがる畳敷きの店内でゆっくり寛ごう。ある日のコースのメインは、鴨モモ肉のコンフィ。下味をつけて1日寝かせ、低温で火を通すことで肉汁が逃げずジューシーな味わいに仕上がる。コースは昼・夜ともに3種類で、付き出し、前菜、魚料理、肉料理、デザートなどがつく。

る・くろたんばてい
ル・クロ丹波邸　フレンチ

- ランチプティコース1,980円～[税込]（土日・祝日はアミューズ付で2,480円）
- 0795-73-0096　丹波市柏原町柏原688-3たんば黎明館1階
- 11:30～15:00(14:00LO)、17:30～22:30(21:30LO)
- 水曜　あり　[MAP]P70 B-1

丹波栗がまるごとひとつ入った贅沢なクリームブリュレ

三田産の手作りモッツァレラチーズを使ったマルゲリータと、いもくり

薪窯ピッツァと丹波スイーツを

築150年の茅葺き民家を移築し、庭は里山をイメージした造り。大阪の老舗菓子メーカー直営のしゃれたカフェで、薪窯で焼いたピッツァと丹波スイーツがいただける。テイクアウト商品の「いもくり」は、丁寧に裏ごしした丹波栗と甘みのあるなると金時芋を使ったお菓子。レストラン手前にあるショップで丹波土産をセレクトしよう。

なかじまたいしょうどう たんばほんてん
中島大祥堂 丹波本店　イタリアン　スイーツ　買い物

- いもくり(3個入)702円、マルゲリータ1,296円
- 0795-73-0160　丹波市柏原町柏原448
- [平日]カフェ・販売11:00～17:00(15:00ピッツァLO、16:30LO)
- [土日祝]販売10:00～17:30、カフェ11:00～17:30(17:00LO)
- 水曜　あり　[MAP]P70 B-1

70

柏原

いけすから取り出したばかりの、活きのよい魚介類の造り

丹波の地酒と味わう新鮮な魚介類

大阪・ミナミで修業を積んだ店主が故郷の丹波で開いた。ネタの魚介類は大阪の中央市場と舞鶴港から仕入れた新鮮なものばかり。醤油の香ばしい匂いが食欲を誘う「あさり焼」や、店主が選んだネタが堪能できる「本日のおすすめにぎり」は、種類豊富な丹波の地酒とともにいただくのがよし。

ぎんずし
銀鮨 和食
¥本日のおすすめにぎり(8カン)1,500円、あさり焼680円〜
☎0795-72-1176 住丹波市柏原町母坪429-1 営17:00〜23:00
休月曜 Pあり [MAP]P68 B-3

おいしいアテと地酒でほろ酔い

無農薬野菜と季節の魚を使った創作料理

自家製の無農薬野菜を使い、素材の味を最大限に引き出した料理は、その旨みが体にしみわたる。旬の魚を巧みに生かした「季節のカルパッチョ」など、新鮮な魚介類も味わえる。日本酒は料理に合う食中酒を中心にそろえた。有名料亭出身の店主による粋な料理を、ゆっくり飲みながら楽しもう。

店主の両親が作る無農薬野菜と季節の魚を使ったカルパッチョ

刺し身に添えるのは、筍など旬の野菜

よしむね
よし宗 和食
¥カルパッチョ880円、造り3種盛1,500円
☎0795-73-0667 住丹波市柏原町母坪431-1
営17:00〜23:00
休月曜 Pあり [MAP]P68 B-3

丹波の実りが詰まったパン&バーガー

丹波の素材を楽しむパン

カンナンファームの卵を使った自家製「丹波クリームパン」や、明正堂とコラボした餡を使った「丹波大納言小豆あんぱん」などがそろう。3種類のラウンド食パンも定番人気。

ぱんのくら　ほのん
パンの蔵 穂音 パン
¥丹波クリームパン200円、丹波大納言小豆あんぱん240円 ☎0795-78-9460
住丹波市柏原町柏原46
営10:00〜19:00 休日曜、第2・4月曜
Pあり [MAP]P70 A-1

自家製天然酵母で作る無添加パン

小麦粉と塩、自家製酵母を配合したシンプルなフランスパンは、チーズのような風味が感じられ、焼くとさらに香ばしい味わい。米麹デニッシュやライ麦フランスパンも人気。

よしだや
よしだ屋 パン
¥フランスパン320円[税込]
☎0795-72-3386
住丹波市柏原町柏原819-2
営10:00〜18:00 休日・月曜 Pあり
[MAP]P70 B-2

スパイシーさが食欲をそそるご当地バーガー

キャンプ場を備える「丹波悠遊の森」の入口にあるレストラン。緑の中で清々しい空気を吸い込みながら、ぜひ味わって欲しいのが「丹波プルドポークバーガー」だ。丹波黒大豆のきな粉を練りこんだバンズに、丹波栗きん豚(P83参照)のプルドポーク、さらに丹波大納言小豆をソースに使うなど、丹波尽くしの一品。

「プルドポーク」とは、Pull(引き裂く)できるほどにやわらかく調理された肉という意味

ばーべきゅう あんど ばーがー びーぴー
BBQ&BURGER BP パンその他
¥丹波プルドポークバーガー1,000円、
ランチドリンクセット+500円 ☎0795-86-8239
住丹波市柏原町大新屋1153-2丹波悠遊の森内
営7:30〜19:00(18:00LO)、夜は予約のみ営業
休火曜 Pあり [MAP]P68 B-3

すべてのランチにつく華やかでボリューミーな前菜

ソムリエがいる古民家イタリアン

　無農薬や有機の地野菜、丹波地鶏などを使った料理は、豊かな自然の恵みを感じさせてくれる。長時間発酵させたもっちり食感のハーブ入りフォカッチャや、地元のひかみ牛乳を使ったデザートのプリンにいたるまで、一つひとつ丁寧な仕事だ。JR柏原駅から歩いてすぐなので、イタリアワインを楽しみに電車で出かけるのもいい。

おるも
Olmo　イタリアン

¥ピッコロランチ1,500円[税込]　☎0795-73-3500　住丹波市柏原町柏原119
🕐11:30〜14:00(LO)、18:00〜20:30(LO)
休火曜、第1水曜　Pあり　[MAP] P70 A-2

フレンチ出身のシェフが作る絶品洋食

　丹波栗きん豚(P83参照)のグリルには玉ネギの甘みを味わえるソースが、オムライスには、1週間煮込んでコクを出した牛すじベースのデミグラスソースが、その味を引き立てる。一流ホテルのフレンチ出身だけあって、その技は確かだ。オムライスにスープやドリンクがついたセットがお得。

きっちんしふぉん
キッチンChiffon　カフェ

¥オムライスランチセット1,100円　☎0795-73-1007　住丹波市柏原町柏原181-8 ガーデン栢2F　🕐11:30〜22:00(21:00LO)　休水曜　Pあり　[MAP] P70 A-2

チキンライスをふわとろの卵で包み、濃厚デミグラスソースをかけたオムライス

店内のハンモックに揺られるのもアリ。自分時間を楽しむことができる

すべてにストーリーがあるカフェ

　生産者の顔が見える豆で淹れるコーヒー、おいしいパスタやスイーツ。「料理だけでなく、雑貨や調度品にいたるまで、ここにあるすべてに理由がある」と、店主の北信也さん。ビジョンを共有できる人のものを使い、それを心地よいと思う人が集まりつながっていく、そんなお店だ。

176号沿いにあるかわいらしい店

かふぇ　まーの
cafe ma-no　カフェ 買い物

¥カプチーノ600円　☎0795-71-4110　住丹波市柏原町母坪402-1
🕐11:00〜19:00(18:00LO)　休木・金曜　Pあり　[MAP] P68 B-3

竹ランチ。脂ののった鯖寿司もファンが多い

元武家屋敷でいただく香り高いそば

　趣のある門構えの屋敷は、150年以上前のもの。季節の山野草が咲く庭を見ながら、座敷でゆっくり食事ができる。細めに打った二八そばは、のど越しのよさと香りが特徴で、前菜9種盛りから始まり、季節の野菜の天ぷらや鯖寿司、デザートがつく「竹ランチ」は満足度抜群。遠方から来る人も多く、予約がおすすめ。

そばとりょうり　わさび
蕎麦と料理 和さび　和食 麺

¥竹ランチ2,500円[税込]　☎0795-72-0028　住丹波市柏原町柏原574-2　🕐11:00〜14:30、17:00〜20:30(LO)※売切れ次第閉店、夜は予約のみ
休火曜　Pあり　[MAP] P70 B-2

柏原

お土産に喜ばれる！よりすぐり柏原スイーツ

2

まさゆめさかゆめの
けやき
／1,000円〜

丹波黒豆きな粉をたっぷり、丹波の米粉と丹波の産みたて卵を使って熟練の職人が一層一層真心こめて焼きあげるバームクーヘン。

1

一菓喜心 明正堂のきんつば 丹 丹波大納言・白雪大納言（2種類）／各270円［税込］

厳選した丹波産大納言小豆を使ったきんつば。農家直送の大納言の醍醐味を味わえるのはきんつばならでは。復活した白小豆「白雪大納言」で作った白餡は、赤よりあっさり。お祝いごとのお茶菓子にも最適だ。

3

かち栗最中本舗 井上の
黒南蛮と丹波栗納豆
／黒南蛮900円、丹波栗納豆1,400円

卵白のみを使用した真っ白な生地に、丹波の黒豆の黒色が際立ちインパクト大の「黒南蛮」。「丹波栗納豆」は、丹波栗の中でも選りすぐりの大粒栗を使った甘納豆。平成30年度5つ星ひょうご選定商品。

4

パティスリーカフェ・カタシマの
丹波栗のトポッシュ
／3個入り1,500円［税込］

丹波栗を贅沢に使った冷製スイーツ。プリン、スポンジ、丹波栗ペースト、生クリーム、クランブルの5層を一緒に食べるのがポイント。

5

スイーツ・チェリッシュの
丹波マドレーヌ／241円

大納言あずき、丹波栗、丹波黒豆の丹波三宝を使っている。素材としっとりしたバターの風味がマッチして昔懐かしい味わい。

No.1
一菓喜心 明正堂（いちかきしん めいせいどう）
スイーツ
0795-72-0217
丹波市柏原町柏原71
9:00〜18:00
休 火曜　P あり
［MAP］P70 A-2

No.2
まさゆめさかゆめ
スイーツ
0795-71-1265
丹波市柏原町柏原4-2
10:00〜18:00
休 水曜　P あり
［MAP］P70 B-1

No.3
かち栗最中本舗 井上（かちぐりもなかほんぽ いのうえ）
スイーツ
0795-72-0147
丹波市柏原町北中60-4
9:00〜19:30
休 なし　P あり
［MAP］P68 B-3

No.4
パティスリーカフェ・カタシマ
スイーツ カフェ
0795-73-0851
丹波市柏原町柏原3083
10:00〜20:00（ティールーム18:00LO）
休 なし　P あり
［MAP］P68 B-3

No.5
スイーツ・チェリッシュ
スイーツ
0795-73-0355
丹波市柏原町南多田472-1
10:00〜19:00
休 火・水曜（祝日は営業）　P あり
［MAP］P68 B-3

丹波市役所柏原支所の地下まで根が伸びている

丹波市のシンボル「自然の橋」

　樹齢千年以上と推定され、幹の胴廻り6m、樹高25mもの大ケヤキの根が形づくる橋。丹波市役所柏原支所のすぐ横にある幅6mの奥村川をまたぐ丹波市内最大のケヤキで、丹波市のシンボルとして親しまれている。1970(昭和45)年、兵庫県の天然記念物に指定。

きのねばし
木の根橋　見どころ

☎0795-73-0303(かいばら観光案内所)
🏠丹波市柏原町柏原1　[MAP]P70 B-1

柏原藩2万石の陣屋遺構

　1695(元禄8)年に柏原へ国替えとなった織田信休が、1714(正徳4)年に完成させた柏原藩主織田家の邸宅跡。陣屋の表御門にあたる長屋門が創建当時のまま残り、1820(文政3)年に再建した表御殿の一部が現存している。

陣屋は、明治以降に小学校として使われていた

かいばらはんじんやあととながやもん
柏原藩陣屋跡と長屋門　見どころ

💴大人200円、中学生100円、小学生50円[税込]
　(柏原歴史民俗資料館の入館券と共通)
☎0795-73-0177(丹波市立柏原歴史民俗資料館)
🏠丹波市柏原町柏原683
🕘9:00~17:00(最終入館16:30)
🚫月曜(祝日は営業、翌日休)　🅿あり　[MAP]P70 B-1

20数回に及ぶ張替の記録が胴内に記されている

高さ9.5mの櫓に吊るされた
江戸時代の大太鼓

　江戸時代に建てられた3階建ての櫓で、最上階に吊るされている大太鼓が「つつじ太鼓」。1668(寛文8)年に造られ、藩士の登下城や藩主の帰藩などを知らせた。明治の廃藩で現在の場所へ移築し、1950(昭和25)年頃まで学校の登校合図として鳴らしていたという。太鼓櫓として残っているのは全国的にも珍しい。

たいこやぐら
太鼓櫓　見どころ

☎0795-73-0303(かいばら観光案内所)
🏠丹波市柏原町柏原141
🅿あり　[MAP]P70 A-1

いくつかの摂社の中でも厄除神社は「丹波柏原の厄神さん」として有名

桃山時代の建築様式も見どころ

　京都・石清水八幡宮の柏原別宮として創建。当時の社殿は南北朝時代に焼失し、すぐに再建するも明智光秀の丹波攻めの際に再び焼失した。現在の社殿は1585(天正13)年に羽柴秀吉によって造営。本殿と入母屋造りの拝殿がつながる複合社殿は貴重な建築。本殿の裏には、神仏分離の際に破壊を免れた三重塔が残る。

かいばらはちまんぐう
柏原八幡宮　寺社

☎0795-72-0156
🏠丹波市柏原町柏原3625
🕘9:00~17:00
🅿あり　[MAP]P70 B-1
→P9、12にも関連記事

バッグや帽子、ポーチやがま口など、雑貨もアイテム豊富

作り手の思いが伝わる工芸品を生活の中に

　コンセプトは「丹波布に親しみ、工芸と暮らす」。丹波で栽培した綿を手紡ぎで糸にし、草木で染め、木綿と絹糸を交叉して織った「丹波布」と、昔から地元で使われてきた竹かごや和紙などを展示販売する。糸紡ぎなど丹波布の大切な工程の一部を体験できる。

ワークショップ用の織り機や糸紡ぎ機も店内に

かぶら
KABURA　買い物 体験

💴丹波布1,500円~、竹かご1,500円~、丹窓窯マグカップ1,500円[税込]
☎0795-71-1683
🏠丹波市柏原町柏原46
🕘10:00~15:30
🚫火~木曜　🅿なし　[MAP]P70 A-2

山南 Sannan

滋味深い天然すっぽんを気軽なコースで

地下水をひいたいけすで泳いでいるのは、地元産の天然すっぽん。養殖に比べて成長に時間がかかる天然ものは、旨みが濃く肉質も良いとされる。コース内の「すっぽんの小鍋」は、隣の狭宮神社に湧く宮水に酒と昆布、すっぽんを加えて1時間ほど煮る。醤油のみで味を調えたスープは、野菜とすっぽんのだしが溶け出て驚くほどの旨みが感じられる。土日は予約がおすすめ。

茶寮ひさご（さりょうひさご） 和食

- ¥ まる鍋セット(雪)4,000円、(月)7,000円
- ☎ 0795-76-0089　住 丹波市山南町和田132-1
- 営 11:30〜14:30(13:30LO)※平日は12:00〜、17:30〜21:30(20:00LO)
- 休 月・火曜、不定休　P あり　[MAP]P68 A-4

まる鍋セットは雑炊もつく。食べると体がじんわりとあたたまってくる

鍋のほかに、すっぽんの白子やレバー、だし巻き玉子、唐揚げなどの一品も

お米のおいしさを味わう農家レストラン

築70年を超える民家を使ったお店。生田雅和さんが脱サラで農業を始め、土づくりに試行錯誤を重ねた末、いまや2町歩もの田畑をもつ。この最高の土で育てた米や野菜で作る「おにぎりランチ」は、赤穂の塩で握ったおにぎり二つに明石の焼きのりを添える。季節感のあるメイン料理のほか、黒豆味噌で作る具だくさんの味噌汁や、「こだわり卵のだしまき」など、やさしい味わいで体の中から元気になる。

千華（せんか） 和食

- ¥ おにぎりランチ1,200円
- ☎ 090-6232-0831　住 丹波市山南町北太田234
- 営 11:00〜14:30(予約優先)※夜は8名以上で要予約
- 休 月〜水曜(7・8・10月は土日のみの営業)※不定休あり、HP要確認
- P あり　[MAP]P68 B-4

2000坪の庭と山の緑に囲まれ、自然の中でゆっくりくつろげる

その時によって変わるメインのほか、お米ベースの「季節のもっちりポタージュ」もおいしい

持ち帰りならココで決まり！山南みやげ

中心まで加熱処理した「てらッキングビーフ」

丹波の山間で育てた但馬牛を直売

オーダーを受けてから肉を切る陳列ケースのない肉屋さん。但馬牛の風味を生かしたローストビーフ風の「てらッキングビーフ」は、オリジナルの製法で10時間かけて仕上げる。但馬牛100％のハンバーグは、5日間煮込んだデミグラスソースの煮込みハンバーグとシンプルな焼きハンバーグの2種類がある。

てらミート 買い物
- ￥ てらッキングビーフ100g650円、800円、1,000円 但馬牛煮込みハンバーグ1個450円
- ☎ 0120-09-3158　住 丹波市山南町奥182-9
- 営 8:30～19:30　休 なし　P あり　[MAP] P68 A-4

養豚農家ならではの焼豚を味わう

秘伝のタレに1週間漬け込んだ最高ランクの丹波産三元豚を、備長炭の手作りかまどでじっくりと蒸し焼きにした焼豚。甘辛いタレが染み込み、やわらかい肉からしっかりとした旨みが感じられる。ハーブが効いた「ハー豚」も人気。

旨みたっぷりで、ビールもごはんもすすむ

板野さんち 買い物
- ￥ 焼豚370円（すべての部位）、ハー豚420円、ロース250円、バラ200円、スペアリブ190円、モモ180円［100gの値段、税込］要予約
- ☎ 0795-76-0651　住 丹波市山南町北和田1064
- 営 13:00～17:00
- 休 木曜、不定休　P あり　[MAP] P68 A-4

丹波土産に喜ばれる「ちーたん最中」

創業当時から変わらぬ和菓子も並ぶ

1950（昭和25）年創業の和菓子店。皮と餡が別包装の「ちーたん最中」は、丹波竜ちーたんのイラストを描いたパッケージもかわいい。下ごしらえから包装まですべて手作業で仕上げ、キンカンの甘露煮をパイ皮で包んだ「きかんぽう」や丹波栗を使った「丹波まごころ」など、丹波の特産品を使った和菓子がそろう。

御菓子司 藤屋 スイーツ
- ￥ ちーたん最中220円、きんかんぽう195円［税込］
- ☎ 0795-77-0146　住 丹波市山南町井原411
- 営 8:00～19:00
- 休 火曜　P あり　[MAP] P68 A-4

恐竜がいた時代に思いをめぐらせて…

古民家カフェで丹波の観光情報をゲット

恐竜をモチーフにしたカフェ。丹波の魅力を伝えたいと、マスターが観光のアドバイスをしてくれる。野菜たっぷりのランチをはじめ、スパイシーな手作りカレーもおいしい。

恐竜楽楽舎 カフェ
- ￥ ランチ1,000円、カレー750円［税込］
- ☎ 0795-76-1535
- 住 丹波市山南町草部185-2
- 営 9:00～17:00　休 火・水・木曜、月末（29～31日）
- P あり※ナビは住所で検索　[MAP] P68 A-4

「ちーたん」の焼印がかわいい瓦せんべい

昔ながらの製法による手作りせんべいの店。約30種類の商品が並び、中でも懐かしく素朴な味わいの「丹波竜のちーたん」は、かわいい焼印入りで、道の駅などでも人気の品だ。

いづみや製菓 スイーツ
- ￥ 丹波竜のちーたん240円（8枚入り）、600円（16枚箱入り）
- ☎ 0795-76-0153　住 丹波市山南町和田190-2　営 8:00～18:00　休 不定休
- P あり　[MAP] P68 A-4

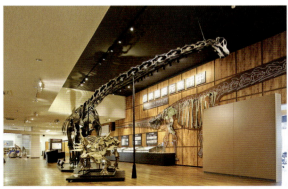
当時の発掘現場を再現した展示や発見された丹波竜の化石のレプリカもある

1億1千万年前の世界に触れる

恐竜の全身骨格や恐竜パズルなどがあり、見て、さわって、楽しみながら学べる体験型施設。1億1千万年前の篠山層群から発見された国内最大級の植物食恐竜である「丹波竜」の全長約15mの実物大全身骨格模型などを展示。また、丹波竜発見地の近くにある元気村かみくげでは、化石の発掘体験ができる。

丹波竜化石工房 ちーたんの館 見どころ
- ￥ 大人200円、小・中学生100円［税込］
- ☎ 0795-77-1887　住 丹波市山南町谷川1110
- 営 10:00～17:00（11月1日～3月31日は16:00まで）
- 休 月曜（祝日は営業、翌日休）　P あり　[MAP] P68 B-4

山南

7体のうち6体には顔がついていない

首から上の願い事にご利益あり

源氏との戦いに敗れた平家一門の公家や姫君が丹波路へ逃げる中、落人狩りに捕らえられて命を落としたことを伝え聞いた里人が哀れみ、碑を建てて弔ったのが始まりとされる。首から上の願い事が叶うとされ、お地蔵さまには、合格祈願をはじめ、ぼけ封じ、病気快復などの願いが書かれたよだれかけがかけられている。

くびきりじぞうそん
首切地蔵尊 寺社

☎0795-77-2955　丹波市山南町谷川奥山315-1
[MAP] P68 B-4

四季の情緒あふれる山寺

大化年間、法道仙人により七堂伽藍が建てられたのが始まりとされる。桜や紅葉など自然とともにある美しい寺院。毎年2月11日に行われる追儺行事「鬼こそ」は、法道仙人に扮した子どもと赤鬼・青鬼が現れ、囃子に合わせ、本堂のまわりを一周して松明を投げる珍しい行事。家内安全・無病息災を願う参拝客で賑わう。

仁王門から365段の長い石段を上がって本堂へ

じょうしょうじ
常勝寺 寺社

☎0795-77-0074　丹波市山南町谷川2630
P あり　[MAP] P68 B-4

本殿は1758(宝暦8)年の再建

地元で親しまれる「さみやさん」

宮参りや七五三、初詣など、通称「さみやさん」として広く親しまれている。また厄除開運や除災招福、疫病や諸々の災いを鎮める神として信仰を集める神社。本殿は入母屋造り、屋根は檜皮葺で、背面には木・花・鳥などの彫刻が施されている。猿田彦神社など、本社周りの境内社を巡る「七宮めぐり」でご利益をいただこう。

さみやじんじゃ
狭宮神社 寺社

☎0795-76-0059
丹波市山南町和田138　[MAP] P68 A-4

丹波10カ寺もみじめぐり

1382(永徳2)年に将軍足利義満が創建。荘厳な風情を醸し出す広い境内を、もみじとドウダンツツジが色鮮やかに覆い尽くす。境内上段から中段にかけて、赤・黄・緑のもみじのグラデーションが美しいほか、参道入口では赤一色に染まるもみじのトンネルが楽しめる。

えんつうじ
円通寺 寺社

¥入山料300円(紅葉の季節のみ)　☎0795-82-1992　丹波市氷上町御油983
P あり　[MAP] P68 B-2

丹波市ではいたるところで秋の紅葉を楽しむことができる。山寺や神社の風情ある佇まいと、自然が生む鮮やかな美の共演を楽しみに、秋の古刹めぐりへと出かけよう。

こうげんじ
高源寺　丹波市青垣桧倉514　入山料大人300円、中学生以下100円 ※紅葉の季節のみ　あおがき観光案内所　[MAP] P68 A-1

えにちじ
慧日寺　丹波市山南町太田127-1　護寺協力金300円　かいばら観光案内所　[MAP] P68 B-4

びゃくごうじ
白毫寺　丹波市市島町白毫寺709　入山料大人300円、高校生以下無料　道の駅 丹波おばあちゃんの里 情報発信コーナー　[MAP] P68 B-2

たっしんじ
達身寺　丹波市氷上町清住259　拝観料大人400円、中学生以下無料　あおがき観光案内所　[MAP] P68 A-2

せきがんじ
石龕寺　丹波市山南町岩屋2　入山料大人300円、中・高生100円、小学生以下無料　※紅葉の季節のみ　かいばら観光案内所　[MAP] P68 B-4

がんりゅうじ
岩瀧寺　丹波市氷上町香良613-4　入山料200円※紅葉の季節のみ　あおがき観光案内所　[MAP] P68 B-2

こうさんじ
高山寺　丹波市氷上町常楽50-1　護持保全金200円　あおがき観光案内所　[MAP] P68 B-2

こにやかんのん
小新屋観音　丹波市山南町小新屋石金47-1　志納金　かいばら観光案内所　[MAP] P68 A-4

さんぽうじ
三寶寺　丹波市柏原町大新屋571　無料　かいばら観光案内所　[MAP] P68 B-3

あおがき観光案内所　☎0795-87-2222

かいばら観光案内所　☎0795-73-0303

道の駅 丹波おばあちゃんの里 情報発信コーナー
☎080-2548-0432

氷上・青垣
Hikami・Aogaki

家庭的な雰囲気で本格フレンチ

小田さん一家が営む、地元の旬の素材を使ったフレンチと洋菓子のお店。大きな窓のある店内は明るく、落ち着いた雰囲気と家庭的なやさしさがただよう。ランチの煮込みハンバーグは肉汁を逃さず、旨みを閉じ込めてしっとり仕上げた。もちもちの食感がおいしいパン・ド・カンパーニュは奥さんの、デザート類は娘さんの担当だ。ケーキやプリンを目あてにした地元の常連客も多い。

オードブルは白身魚のビネグレットや丹波の黒豆が入ったポークのテリーヌなど。本格的なフレンチの味を手軽に楽しめる

あれっと　フレンチ スイーツ 買い物
- ¥ 国産牛煮込みハンバーグセット1,800円
- ☎ 0795-87-2000　🏠 丹波市青垣町佐治156-1
- 🕐 11:00～17:00(ランチ14:00LO)、ディナーは完全予約制
- 休 水・木曜、不定休あり　P あり　[MAP]P68 A-1

地域の人が集う古民家カフェ

築200年以上、国指定有形文化財にも指定された茅葺きの古民家が、地域住民の力を借りてカフェに生まれ変わった。「ふわふわ玉子のオムライス」は、自家栽培のコシヒカリを使い、鶏ガラでだしをとったバターライスに、とろとろ卵と濃厚なデミグラスソースをかけた一品。オープン当初から人気の「キャラメルシフォンケーキ」など、サイドメニューも充実している。

たっぷりかかった濃厚なデミグラスソースは、ふわとろ卵と相性抜群

genten　カフェ
- ¥ ふわふわ玉子のオムライス850円
- ☎ 0795-87-0169　🏠 丹波市青垣町東芦田981
- 🕐 11:00～15:00(14:00LO)、18:00～22:00(21:00LO)
- 休 月・火曜(祝日は営業)　P あり　[MAP]P68 B-2

内容は月替りで、ごはんは炊き込みごはんや、じゃこごはんなどが出ることも

体にうれしい滋養ごはん

数量限定の玉手箱ランチには、自家菜園で育てたフレッシュな野菜をふんだんに使用。魚料理やメンチカツなどの主菜に、野菜の小鉢が数種付き、茶碗蒸し、ごはん、味噌汁、デザートまで、その品数の多さに心が踊る。明治期に建てられた趣ある店で、心和むひと時を過ごそう。

古民家旬菜cafe 玉手箱　和食 カフェ
- ¥ 玉手箱ランチ1,480円
- ☎ 0795-82-0229　🏠 丹波市氷上町中野208
- 🕐 8:30～16:00(15:30LO) [モーニング]8:30～10:30 [ランチ]11:00～14:00
- 休 月～水曜　P あり　[MAP]P68 A-2

氷上・青垣

エスプレッソとオランジーナを組み合わせた「エソジーノ」は、甘味と苦味が絶妙に混ざり合った爽やかなドリンク

小さな小屋のこだわりコーヒーで一服

アメリカ出身のマイクさんが提供するのは、苦手な人でも飲みやすいコーヒー。店内の焙煎機でローストする新鮮な生豆は、あえてブレンドはせず、生産者が明確に分かるシングルオリジンのみ。すっきり飲めて後味が軽いコーヒーは、まずは何も入れずにブラックでその味わいを確かめて。

すりーろーすたりー
3ROASTERY　カフェ 買い物

- ホットコーヒー350円、エソジーノ400円[税込]
- 0795-88-5777
- 丹波市青垣町小倉422-1
- 10:00〜17:00（土・日曜は9:00〜）
- 水・木曜※金曜はイベント出店または休　あり　[MAP]P68 A-1

トマトや玉ネギなど、ひとたね農園の野菜もパン作りには欠かせない素材

食べることの幸せを感じる滋味なるパン

「ひとたね農園」の奥さん、山本香奈子さんが営む工房。国産小麦粉とニンジン、リンゴ、長芋、ごはんを使った自家製酵母で膨らませたパン生地は、もっちりした食感で噛めば噛むほど味わい深い。農業倉庫の一角にある工房には、常時約15アイテムが並ぶ。「ここのパンなら子どもに安心して食べさせられる」との声が山本さんの励みだ。

ひとたね パン工房（ぱんこうぼう）　パン

- ぽこぽこ200円、ベーグル180円、ごまあんぱん180円[税込]
- 090-6203-1983
- 丹波市氷上町稲畑1116
- 火・木・土曜11:00〜14:00（売り切れ次第閉店）
- 月・水・金・日曜　あり　[MAP]P63 B-3

ステーキのほか、定食メニューもそろう

創業約40年のステーキ店

遠方からのリピーターも多い、1980（昭和55）年創業のステーキハウス。2年前に店舗を改装し、さらに寛げる空間にリニューアルした。厳選したステーキ肉に合わせるのは、2週間かけて作るデミグラスソースと、さっぱり食べられる三杯酢の2種類。サラダにかけるドレッシングも自家製で、持ち帰り希望の声も多いそう。

すてーきはうすまつば
ステーキハウス松葉　洋食 肉

- 松葉ロースステーキ2,300円〜
- 0795-82-3755　丹波市氷上町市辺589-3
- 11:30〜15:00、17:00〜21:00
- 月曜（祝日は営業、翌日）、月1回不定休あり
- あり　[MAP]P68 B-3

丹波栗きん豚のカツと焼肉

精肉店が営業する、確かな目利きのお肉が食べられる店。この地域でしか味わえない希少な「丹波栗きん豚」（P83参照）を使った焼肉ランチは、ジューシーで肉汁あふれるお肉を好きな焼き加減で楽しめる。サクっと薄い衣がポイントの豚かつは、ヒマラヤの紅塩をふりかけ、豚そのものの旨みを味わうのがおすすめだ。

やわらかさと甘みが特徴の、特別な豚肉をぜひ

やきにくいっちゃん
焼肉いっちゃん　肉

- 丹波栗きん豚焼肉セット（ライス・スープ付）1,400円
- 0795-87-1605　丹波市青垣町佐治105-1
- 11:00〜14:00、16:00〜22:00 [土日・祝日]11:00〜22:00
- 月曜（祝日は営業、翌日休）　あり　[MAP]P68 A-1

揚げたての天ぷらがおいしい天ざるそば
（季節によって内容に変更あり）

地元で長年愛される素朴なおいしさ

1978（昭和53）年創業のそば処。出雲から取り寄せたそば粉で作ったコシのあるそばのほか、うどんや丼、定食メニューなども多数そろい、親子丼やカツ丼には、創業以来変わらない割下だしを使う。お酒やおつまみも置かれ、夜は居酒屋使いも可。ひかみ牛乳を使用したオリジナルソフトクリームは、ぜひ一度食べてみたいスイーツだ。

いづもあん
いづも庵　麺

- 天ざるそば1,210円[税込]
- 0795-82-4073
- 丹波市氷上町市辺361-1
- 11:00〜21:30（21:00LO）
- 木曜（祝日は営業）　あり　[MAP]P68 B-3

ベジコースは卵や乳製品など、動物性のものは一切使用していない

鴨肉がごろごろ入った熱々のつけ汁。
大名草庵のメニューは、全て季節の一品がつく

農体験や森遊びもできる自然食レストラン

素材本来の旨みを引き出し、調味料や油を最小限に抑えて調理する「重ね煮」。自家農園の無農薬野菜をたっぷり使ったベジ料理は、体にすっとなじむような味わい。お子様プレートや辛味のないベジカレーもある。近くにはツリーハウスやターザンロープで遊べる森があり、ファミリーにもおすすめ。

無料で遊べる本格的なツリーハウス。思わず大人も童心に返る

さんしんごかん
三心五観 和食 体験 その他

¥ 三心五観ベジコース2,500円、重ね煮料理教室3,800円　☎ 090-6676-6283
🏠 丹波市春日町下三井庄159-1　⏰ 11:30〜14:00※完全予約制
休 不定休　Ｐ あり　[MAP] P68 C-3

やさしい風味の手打ち十割そば

豊かな自然に囲まれた里山にある茅葺き屋根のそば処。石臼で挽いた国産そば粉を、加古川の源流水を加えて打った十割そばで楽しむことができる。まずは何もつけずに味わい、続いて塩、そして本枯節と利尻昆布のだしを効かせ、複数の醤油をブレンドして作る特製つゆで。甘めのつけ汁でいただく「かも汁そばセット」も捨てがたい。

そばどころ　おなざあん
そば処 大名草庵 麺

¥ かも汁そばセット1,600円［税込］　☎ 0795-87-5205　🏠 丹波市青垣町大名草1003
⏰ 11:30〜14:30（※売り切れ次第閉店）　休 火・水曜　Ｐ あり　[MAP] P68 A-2

人工の滝や川は絶好の水遊びスポット

ボリュームたっぷりで食べごたえがある

地質学、生物学的に貴重な分水界

本州一低い標高95mの分水界。降った雨水は、北に落ちれば由良川から日本海へ、南に落ちれば高谷川から加古川を経て瀬戸内海へ流れる。かつては、日本海と瀬戸内海を結ぶ連絡路として水運で栄えた。公園内には人工の滝や川が流れ、資料館では、往年の様子を見ることができる。

昔ながらの手仕事に触れる

手紡ぎで木綿と絹糸を交互に織った、独特の縞模様と素朴な柄が特徴の丹波布。丹波布伝承館には、草木染めの展示、機織り場や糸紡ぎ場などがあり、どのように丹波布が作られるかを知ることができる。糸紡ぎや草木染めといった、実際の作業を体験できるコーナーや短期教室もあるので、風合いのある丹波布に触れてみよう。

丹波布を使った小物なども飾られている

地元のぬくもりが感じられる食堂

丹波特産の山の芋をつなぎに使った二八そばに、地元でとれた野菜をカラッと揚げた天ぷらや、旬の素材を使った小鉢がつくおいでな定食。道の駅内では、ピリッとした辛味と独特の香りが特徴の「あざみ菜漬」や刺身こんにゃくといった、ここでしか買えないようなお土産も。食事と買い物を一緒に楽しもう。

みわかれこうえん　しりょうかん
水分れ公園・資料館 見どころ

☎ 0795-82-5911　🏠 丹波市氷上町石生1155
⏰ 9:00〜17:00　休 月曜（祝日は営業、翌日休）
※資料館は2019年9月からリニューアル工事のため1年間休館予定　Ｐ あり　[MAP] P68 B-3

たんばしりつ　たんばぬのでんしょうかん
丹波市立 丹波布伝承館 見どころ

☎ 0795-80-5100
🏠 丹波市青垣町西芦田541（道の駅あおがき内）
⏰ 10:00〜17:00　休 火曜（祝日は営業、翌日休）
Ｐ あり　[MAP] P68 A-1

おいでなあおがき
おいでな青垣 和食 買い物

¥ おいでな定食1,320円［税込］　☎ 0795-87-2300
🏠 丹波市青垣町西芦田541（道の駅あおがき内）
⏰ 食堂／10:00〜15:50（LO）
　市場／8:15〜17:30（1月・2月9:00〜17:00）
休 火曜　Ｐ あり　[MAP] P68 A-1

春日・市島
Kasuga・Ichijima

希少な小豆も登場する地元の味

丹波大納言小豆「黒さや」は、丹波でも春日町東中地区の一部でしか収穫されない貴重な小豆。地域で苦労して復活させた在来種の小豆をイベントでぜんざいや赤飯にして提供したのが好評で、開店のきっかけに。大切に育てた小豆と自家菜園の野菜、山野草などを使った「昼定食」は、素朴で体にやさしい料理が一つのお膳に並ぶ。

赤飯、おはぎ、小豆味噌の味噌汁、丹波の地鶏の小豆ソース、旬のごはんほか、季節の小鉢が並ぶお膳

丹波の土地でとれた野菜が入ったパスタランチ。「ニューヨークチーズケーキ」は、ホールでの販売もしている

旬の有機野菜を味わう隠れ家レストラン

かわいらしくて目をひく一軒家レストラン。ランチは、地元でとれた野菜を使ったパスタに、サラダやパンなどが付いた「パスタランチ」か、その日ごとに変わるメイン料理&ライス&サラダがワンプレートになった「日替わりランチ」で迷うところ。クリームチーズを50％使った「ニューヨークチーズケーキ」は、上品な甘さが味わえる。

あずき工房 やなぎた　和食 買い物
- 昼定食2,000円（3日前までに要予約）、ぜんざい700円[税込]
- 0795-75-1249
- 丹波市春日町東中1425
- 土日・祝日10:00〜16:00、平日は完全予約制
- 不定休　あり　[MAP] P68 C-3

Cafe dining 田　イタリアン カフェ

- ニューヨークチーズケーキ500円、パスタランチ1,000円
- 0795-82-5571
- 丹波市氷上町稲継67-1
- 11:30〜14:30、17:30〜22:30
- 月曜、不定休あり　あり　[MAP] P68 B-3

地元産の米を土鍋で炊いたごはんは美味

アットホームな店で手作り料理を

木のぬくもりあふれる店内で、ランチやお茶を楽しめる地元の憩いの場的なカフェ。カレーやトーストといった軽食はもちろん、数種類あるケーキは全てママの手作り。野菜料理が中心の日替わり定食は、3人以上の予約で土鍋炊きのごはんにすることができる。黒井駅にも近く、黒井城登山帰りの一服にもおすすめだ。

いちご畑　洋食 カフェ スイーツ
- 日替わり定食1,300円（ドリンクセット1,500円）[税込]
- 0795-74-0887
- 丹波市春日町黒井1573-1
- 9:00〜19:00（日曜、祝日は18:00まで）
- 不定休　あり　[MAP] P68 C-3

多彩なランチが魅力のカフェ

ランチタイムに次々人が訪れる人気のカフェ。ほどよいピリ辛があとをひくタコライスをはじめ、オムライスや焼きチーズカレーなどランチメニューは多彩だ。別腹気分の時は、やさしい味のクレープがおすすめ。50人まで入れる大広間は持ち込み自由のパーティスペースとして活用可能、テラス席でバーベキューもできる。

タコライスはピリ辛ソースが味の決め手

CAFE HAKUHO　洋食 カフェ
- タコライス（スープ付）800円[税込]
- 0795-71-1434
- 丹波市市島町上垣36-4
- 10:00〜17:00
- 火曜　あり　[MAP] P68 C-2

ピッツァはマルゲリータやビスマルクなど5種から

親子で楽しめる本格イタリアン

イタリア語で「大地の恵」を表す店名どおり、丹波とイタリアの厳選した食材を料理していく。ピッツァは、丹波産の小麦粉を使って、地元の西山酒造場の仕込み水でこねる。「丹波産仔牛肉とキノコのトマトソース」など、丹波の新しい食材・仔牛肉を使ったメニューも登場してますますグレードアップ。

terra dono　イタリアン
- ランチセット（サラダ+パスタまたはピッツァ+ドルチェ）1,430円[税込]
- 0795-85-4755
- 丹波市市島町酒梨156-2
- 11:30〜14:00(LO)、17:30〜20:30(LO)
- 水曜　あり　[MAP] P68 C-2

イートインもテイクアウトもOK

和風庭園を眺めてドイツランチ
店頭にはライ麦粉やサワー酵母を使い、伝統的なレシピで作られたどっしりしたドイツパンが並ぶ。ドイツウインナーやハムに、サラダ、スープ、約7種類のパンがセットになった「Cランチ」なら、いろんな種類を少しずつ楽しめておすすめ。お気に入りを選んでお土産にして。

黒豆味噌、大葉入りの「丹波鹿バーガー」

旬素材のケーキと本格チャイ
店内には店主夫妻が全国で買い付けた手仕事の器や雑貨が並ぶ。ケーキは全9種類で、そのうち6種類は季節限定品。無農薬レモンとホワイトチョコのタルト、苺と紅茶のタルトなど、旬の素材を使った時々のケーキを求めて何度も足を運びたくなる。7種のスパイスをブレンドした本格的なチャイと一緒にどうぞ。

しっかり噛みごたえのあるパンは、ソーセージやクリームチーズと相性がいい

子どもたちの未来のためのパン
西宮の名店エスケールの元オーナー、三澤孝夫さんが丹波市に移住し、2017年市島町に開いたベーカリー。パンもカフェメニューも原材料を厳選し、添加物は使わず手作り。パンは低農薬の十勝産小麦粉、丹波産の野菜を主に使っている。併設のカフェでは、ハンバーガーやサンドイッチはもちろん、ごはんやパスタも楽しめる。

きゃりーやきがしてん
キャリー焼菓子店　カフェ スイーツ 買い物
¥ ニューヨークチーズケーキ380円、レモンとホワイトチョコのタルト380円
☎ 080-1416-8857　住 丹波市春日町中山373
営 11:00〜18:00　休 火・水曜、不定休あり　P あり
[MAP] P68 C-3

たんば・ほのうぉんね
丹波・穂のヴォンネ　パン カフェ スイーツ
¥ Cランチ1,800円
☎ 0795-86-8156　住 丹波市市島町与戸725-1
営 10:00〜17:00(ランチは15:00まで)　休 火・水曜
P あり　[MAP] P68 C-2

いちじませいぱんけんきゅうしょ
市島製パン研究所　パン カフェ
¥ 丹波鹿バーガー1,100円　☎ 0795-85-2520
住 丹波市市島町喜多280-2
営 9:00〜16:00(カフェ11:00〜14:00LO)
休 日〜火曜　P あり　[MAP] P68 C-2

元パン職人が作る本格ピッツァは、北海道産ゆめちからと兵庫県産北野坂を独自にブレンドした小麦粉を使用し全8種類を用意(丹波アルベロ)

「LOCASSE TAMBA」直営カフェ。元鶏舎の建物をリノベートした空間は、倉庫の構造をそのまま生かしておしゃれ(ロカッセカフェ)

常時約20種類のパンが並ぶベーカリー。村上養鶏場の卵を使った「たまごぱん」など、地元の食材を活用したパンが人気(ヤマネベーカリー)

丹波の食文化や伝統を発信する新拠点
三尾山を望み竹田川のせせらぎが間近に感じられる柚津(ゆつ)地区に、2019年4月グランドオープンした複合施設。直営の「ロカッセカフェ」のほかに、ピッツェリア＆炭火焼料理、ベーカリー、不定期のチャレンジショップが出店する2基のコンテナを備える。各店が新鮮な地元丹波産の野菜や旬の食材を多く使用し、おいしい料理を提供する。今後も様々な取り組みやイベントで丹波の魅力を発信する。

ろかっせ たんば
LOCASSE TAMBA
洋食 カフェ パン 買い物
住 丹波市春日町柚津67-1　P あり　[MAP] P68 C-3

ロカッセカフェ
¥ ベーコンチーズバーガー1,200円、ブルーベリーソーダ450円
☎ 0795-75-1122　営 10:00〜18:00　休 第1・3火曜

たんばあるべろ
丹波アルベロ
¥ マルゲリータ900円
☎ 0795-81-4011
営 11:00〜18:00　休 第1・3火曜

ヤマネベーカリー
¥ クリームパン180円、たまごパン220円
☎ 0795-81-4008
営 8:00〜17:00　休 火・水曜

春日・市島

清涼な水で打つ、丹波そばを食べくらべ

甘めのダシに絡む細めの麺

2種類のそば＋極上の肉厚サバを使ったサバ寿司

3種のそばを食べ比べで満喫

十割そば、二八そば、かわりそばの3種類が楽しめる「三色そば」がいち押し。紅芋や小松菜、柚子などの無農薬野菜を乾燥させた粉末を更科粉に練り込んだ「かわりそば」は、季節と店主の気分でその日の味が決まる。その他鴨ざるそばや、揚げそば、だし巻き卵、三色そば、そばがきなどの「まんぷくコース」もある。

大根の色が変わるユニークそば

つるっとのど越しのよい二八そばに、緑と紫の2色の大根おろしをトッピング。紫の大根おろしにスダチの果汁をかけるとピンク色に変化する「紫陽花そば」の趣向が楽しい。噛みしめるとそばの香りが広がる、粗びき十割そばもおすすめ。そば通セットやおまかせそば膳などランチのコースメニューは要予約。

見た目も華やかな一皿

そばの特長を生かして自家製粉

店主夫妻が、築130年の古民家を自ら改装したそば処。茨城・福井県産のそばは、鬼皮をむいた状態で買い付け、2台の石臼を使って自家製粉する。十割そばは香りと風味重視で極粗びきに、二八そばは、つるっとのど越しで食べられるように挽く。十割、二八、半量ずつの相乗り2種を同時に食べられるのがうれしい。

たんばのそばどころ
丹波の蕎麦処 たかはし　麺
- ¥ 三色そば1,200円[税込]
- ☎ 0795-78-9151　🏠 丹波市春日町平松526
- 営 11:00〜14:00
- 休 火曜　P あり　[MAP] P68 B-3

そばんち　麺
- ¥ 三色辛味大根ぶっかけそば900円[税込]
- ☎ 0795-86-7446　🏠 丹波市市島町梶原125
- 営 11:00〜15:00(夜は予約制)
- 休 金曜
- P あり　[MAP] P68 C-2

みつや せのお
三津屋 妹尾　麺
- ¥ 相乗りさば寿司セット1,500円[税込]
- ☎ 0795-87-2550　🏠 丹波市青垣町田井縄640
- 営 土日・祝11:00〜15:00(14:30LO)
- 休 月〜金曜　P あり　[MAP] P68 B-2

多彩な料理とお酒を味わおう

播州百日鶏や丹波地鶏など、旨みたっぷりの地鶏は炭であぶって、香ばしい炭香とともに味わう。鉄板山芋とろろ焼きは、すりおろした山芋に具材を入れて鉄板でじっくり焼く。ふわふわのとろろと具材を混ぜて食べると、とろけるようなおいしさで、ビールのおともに最高だ。

つじよし
辻よし　和食
- ¥ 地鶏焼き鳥盛り合わせ880円[税込]
- ☎ 0795-74-0801　🏠 丹波市春日町野山370-1
- 営 17:00〜23:00(22:30LO)
- 休 月曜　P あり　[MAP] P68 B-3

もも串、ねぎま串ほか3種類が入ったおまかせ5種盛り

イベント出店から人気が広がり実店舗をオープン

丹波栗きん豚の旨さを豚まんで

丹波栗を食べて育ったブランド豚「丹波栗きん豚」。「臭みが少なく脂身の甘みがおいしい、この豚の特長を伝えたい」と、そのミンチを100%使った豚まんを開発。国産の小麦粉を使って手作りした甘みのある皮と具材とのコンビが抜群だ。2019年6月からは丹波地域唯一の「丹波栗きん豚」販売店として販路を拡大中。

てづくりぶたまんのみせ よしよし
手づくり豚まんの店 吉吉　肉
- ¥ 丹波栗きん豚まん250円、カレー大人味300円[税込]
- ☎ 090-4649-1094　🏠 丹波市春日町小多利71-2
- 営 11:00〜17:00
- 休 日・月曜　P あり　[MAP] P68 C-2

丹波栗きん豚って？

丹波栗を食べて育ったおいしい豚

ドングリを食べて育ったイベリコ豚(スペイン産)がおいしいなら、ドングリと同じ成分を含む丹波栗を食べた豚もおいしいかも…そんな発想から生まれた丹波栗きん豚。商品にならない小さな丹波栗を与えた豚は、脂がのって味が良く、豚特有の臭みがないのが特徴。数が少ないためめったにお目にかかれない。

販売期間は9月中旬～1月上旬頃まで

丹波栗の風味を味わうスイーツ

丹波の特産物や農産物を自社工場で一次加工し、その加工品や原料を元に和洋菓子を製造販売する。看板商品の「和のモンブラン」は、スポンジ、カスタード、生クリームを重ね、その上に自社加工したそぼろ状の栗ペーストを贅沢に敷き詰めた逸品。丹波の心を伝え、後世に残したいという願いが込められている。

ゆめのさとやながわ
夢の里やながわ　カフェ スイーツ
¥ 和のモンブラン1,450円[税込]
☎ 0795-74-0123　住 丹波市春日町野上野920
営 10:00～18:00　休 木曜
P あり　[MAP] P68 C-3

丹波の魅力を伝える多種多様な地酒

「小鼓」の銘柄で知られる酒蔵。酒米の王者「山田錦」や幻の酒米「但馬強力」などを使って、フレッシュな状態の新酒を常に届けるために四季醸造を行っている。女性にも親しみやすいおだやかな味の日本酒をはじめ、甘酒ヨーグルト、甘麹といった米の発酵技術を応用したノンアルコール製品もそろう。

「小鼓」は俳人高浜虚子の命名による

にしやましゅぞうじょう
西山酒造場　買い物
¥ 小鼓純米吟醸 花吹雪(720ml)1,500円
☎ 0795-86-0331　住 丹波市市島町中竹田1171
営 9:00～17:30、土日・祝日10:00～16:00　休 なし
P あり　[MAP] P68 C-2　→P25にも関連記事

「奥丹波 純米吟醸」「野条穂」など、人気の銘酒

伝統の職人技が光る純米酒

創業1716(享保元)年、丹波地方最古の酒蔵。地元の職人が伝統的製法で丁寧に仕込む清酒「奥丹波」は、料理の味を引き立てながら、爽やかな余韻を残す。半世紀前に途絶えた酒米を復活栽培し仕込む「野条穂」、年末に限定販売される「木札」などが人気。

やまなしゅぞう
山名酒造　買い物
¥ 奥丹波 純米吟醸(720ml)1,500円
☎ 0795-85-0015　住 丹波市市島町上田211
営 9:00～17:00　休 なし　P あり
[MAP] P68 C-2　→P25にも関連記事

手作りピザ窯で焼いた季節の野菜たっぷりのピザ

豊かな森で癒し時間を

自然農法の農園で米やブドウ、野菜を作り、収穫した農産物を工房でジャムなどに加工する。地元産の旬の食材を使ったバーベキューや鍋、ピザなどを食べたり、自然たっぷりの森のツリーハウスでのんびりしたり。そんな贅沢な時間を過ごすことができる施設。日帰りで物足りなければ、1日1組限定で宿泊も可能だ。

おくたんばのもり
奥丹波の森　洋食 体験 宿泊
¥ ピザとアヒージョのセット1,500円[税込](要予約)
☎ 0795-85-0448
住 丹波市市島町北奥160　営 10:00～16:00
休 月・火曜　P あり　[MAP] P68 C-2

丹波の恵みはここでゲット

西日本最大規模の複合遺跡「七日市遺跡」を中心とした公園の敷地内にある道の駅。特産館には、栗や黒豆など丹波の幸を使った土産物や地元の新鮮野菜が並ぶ。フードコートは、日替わりランチなどの料理や、手作りパンがそろうベーカリー、カフェ、ジェラート、スイーツほか、多彩なメニューを楽しめるおすすめスポットだ。

木の温もりが感じられる開放的なフードコート

みちのえき　たんばおばあちゃんのさと
道の駅 丹波おばあちゃんの里　買い物
¥ おばあちゃんの里定食880円、
ランチ(日替わり)1,100円[税込]
☎ 0795-70-3001　住 丹波市春日町七日市710
営 8:30～18:00　休 なし　P あり　[MAP] P68 C-3
→P23にも関連記事

「太陽のお茶」を焙じた「天日干し赤ちゃん番茶」

農薬や化学肥料不使用のお茶

油粕や米ぬかなどの有機肥料を使い、30年間農薬や化学肥料を使わないお茶の栽培から加工、小売りまで行う。茶葉を天日干しして熟成させ、鉄釜で焙じた「天日干し赤ちゃん番茶」は全国から注文が入る看板商品だ。店内のいろりは、冬になると火が入ってとってもあたたか。ゆっくり試飲をしながらお茶を選ぶことができる。

とくじゅえん
徳寿園　買い物
¥ 天日干し赤ちゃん番茶(200g)1,100円、
太陽のお茶(80g)500円　☎ 0795-75-0302
住 丹波市春日町中山1273　営 8:00～18:00
休 日曜・祝日　P あり　[MAP] P68 C-3

京都エリア

福知山・綾部・京丹波町・南丹・亀岡

多くの城を攻めた明智光秀だが、
人々の暮らしを気にかけた点では名君だとされている。
中でも福知山では城下町や暴れ川といわれる由良川を整備したことで
町衆は感謝しており、彼が築城した中で福知山城だけが復元された。

福知山
Fukuchiyama

明智光秀が城下町として整備した町。昔ながらの風情ある町並みが残り、そぞろ歩きが楽しめる。

明智光秀の息遣いが今も聞こえるよう

天正7(1579)年頃、明智光秀が丹波の拠点にすべく築いた城で、城主が幾人も交代しながら、1600(慶長5)年頃に完成したとされる。築城当初の面影を残す石垣は、灯ろう、墓石などを転用した野面積み。福知山市の文化財指定。

ふくちやまじょう
福知山城　見どころ

- ¥ 入館料320円、小・中学生100円[税込]
- ☎ 0773-23-9564
- 住 福知山市字内記5
- 営 9:00〜17:00(最終入館16:30)
- 休 火曜(祝日は営業、翌日休)、12月28日〜12月31日・1月4日〜1月6日
- P あり　[MAP]P87 B-4　→P9、10にも関連記事

望楼から眺める景色は抜群。城下町とともに遠くに山々が望める

食事もスイーツも、読書も楽しめるカフェ

福知山城のお膝元、ゆらのガーデンにあるカフェ。芝生の庭に面したオープンデッキ、ソファ席、テーブル席と、雰囲気が違うスペースでゆっくりとお茶や食事ができる。地元の本屋さんが経営するため、本棚には気になる本がたくさん。話題の光秀に関する書籍コーナーも見逃せない。昼はハンバーグやタンシチューなどのしっかりメニュー、夜はオードブル盛り合わせなどお酒に合う料理も楽しめる。

かふぇばーあんどらいぶ　おしろのしたで
Café Bar & Live お城の下で

カフェ　体験

- ¥ ケーキ400円、コーヒー400円、幸賀世上用饅頭200円、山城屋さんの煎茶(またはほうじ茶)350円[税込]。セットは50円引き
- ☎ 0773-23-3339
- 住 福知山市字堀小字今岡6 ゆらのガーデン
- 営 11:00〜23:00　休 水曜　P あり
- [MAP]P87 B-4

地元の老舗茶舗の煎茶かほうじ茶と
三万二千石 音無瀬堂の上用饅頭に幸賀世(こがせ)

季節によって違うケーキやタルトを香り高いコーヒーとともに

芝生の庭から福知山城が見える絶好の撮影スポット

福知山

知らない世界が広がるブックカフェ

海外の翻訳文学と国内の近代文学が中心のブックカフェ。和やかな雰囲気なので、文学マニアでなくても気軽に訪れられる。本は全て店長のセレクト。どんな内容なのか丁寧に教えてくれるから、気になった本があれば質問してみよう。兵庫県豊岡市の老舗店「ヒグラシコーヒー」から取り寄せた豆で淹れる一杯も格別。

Book＆Café MOZICA カフェ
ぶっくあんどかふぇ もじか
¥ふわふわたまごのオムレツサンドセット800円[税込]
☎0773-24-4664 ⓗ福知山市字中ノ28-3 まちのば2F
営11:00～20:00(19:00LO) 休火曜(祝日を除く)
Pなし [MAP]P87 B-3

中に挟んだオムレツは牛乳入りのふわふわ仕立て。セットはサラダとコーヒーゼリー付き

お城ゆかりの石垣ハート、お茶を愛した光秀にちなみ緑茶あんと餅を入れた光秀揚げパン、粒あん入りのあん揚げパン

ふっくら生地からいろんな味が飛び出す

おしゃれな店がそろうゆらのガーデンで、ひときわ賑わっている揚げパンの店。パン生地に米粉をまぶしてキャノーラ油でこんがり揚げる。中の具材はスイーツ系、おかず系、おつまみ系と多種多様。その場で食べても、お土産に持ち帰ってもOKだ。売り切れることがあるので、お目当てがあれば早めに行こう。

揚げパン専門店 age bunbun パン
あげぱんせんもんてん あげぱんぶんぶん
¥石垣ハート250円、光秀揚げパン300円、あん揚げパン200円[税込] ☎0773-45-3081
ⓗ福知山市字堀小字今岡6 ゆらのガーデン
営11:00～17:00 休不定休 Pあり
[MAP]P87 B-4 →P13にも関連記事

種類豊富な天然酵母パン

京都・北山の人気店が福知山に移転。ハード系のフランスパンが、地元の人に受け入れられてあっという間に人気店に。ひと晩じっくり低温長時間発酵させて小麦がもつ甘みを残す。ソフトな甘さのあんバター、惣菜系の餃子パンなど、種類が多くてあれもこれもとトレイにのせてしまう。

みずいろぱん パン
¥あんバター160円、ミルキー140円
☎0773-45-3936 ⓗ福知山市駅南町3-153
営8:30～17:00 休日・月曜 Pあり
[MAP]P87 A-4

甘くておいしい、あんバターとミルキー

ランチ用に惣菜系のパンを求める人が多い

居心地がよくつい長居してしまう空間。おやつとコーヒーでちょっとひと息

オーガニック食材の手作りおやつを召し上がれ

国産小麦や平飼い卵、オーガニック食材など、おいしくて安心な素材を使ったオーナー手作りのスイーツが人気。スコーンに添えられたジャムは、季節によってスモモやゆずに変化する。作家ものの雑貨や古道具、フェアトレード雑貨などの購入も。懐かしくも新鮮な空間で、ゆっくりカフェタイムを。

まいまい堂 カフェ
まいまいどう
¥コーヒー400円、ジンジャーゆず450円、シナモンロール150円 ☎0773-22-4686 ⓗ福知山市下新26
営11:00～19:00 休日・月曜(第4日曜は営業)
Pあり [MAP]P87 B-3

しっとり派

季節会席は予約制で、予算や要望に応じて自由に変更可能

気軽に味わえるランチも人気

ホテル出身の店主が生み出す絶品和食

料亭から老舗ホテルの総料理長を経てこの地に独立した店主が和食でもてなす。四季の食材を生かした「季節会席」は、食材本来が持つ旨みを丁寧に引き出して彩りよく。冬にはかにのコースやぶりしゃぶ会席もおすすめ。

にほんりょうり いちゑん
日本料理 一ゑん 和食

¥季節会席1人5,000円〜[サ別]、竹籠京弁当1,800円 ☎0773-24-1050
住福知山市字堀小字今岡6 ゆらのガーデン
営11:30〜14:30(14:00LO)[ディナーは完全予約制] 休火曜 Pあり
[MAP]P87 B-4

名物「鴨すき」のうまさに酔いしれる

京鴨と白ネギのせん切りをだしでサッと煮る「鴨すき」は、シンプルなのに驚きの旨み。夏でも鍋料理がメインで、ほかには自家製野菜をふんだんに使った一品料理など。週末には遠方から訪れる客も多い人気店だ。

地酒やワインも豊富。焼酎は宮崎の焼酎蔵黒木本店のものだけを置く

鴨すきの具材は鴨とネギだけ。15秒程度だしにくぐらせていただく

とりなご
鳥名子 和食

¥鴨すき1人前2,500円 ☎0773-22-1804
住福知山市御霊神社裏参道前
営17:00〜23:00(22:00LO)、[日・祝祭日]17:00〜22:00(21:00LO)
休1月1日〜1月4日 Pあり
[MAP]P87 B-3

今夜はしっとり？ワイワイ？

しっとりした雰囲気を楽しめる店に、ワイワイ盛り上がれる駅前の店。
穴場探しの気分で散策してみよう。

ワイワイ派は駅前へ

新鮮な魚やお鍋でとことん飲む

舞鶴港から仕入れた季節の魚の料理や熊本から直送の馬刺しなど、魅力的な一品メニューが並ぶ居酒屋。日本酒の種類が豊富で、希少なものもあって地酒好きにはたまらない。福知山駅からのアクセスも抜群だ。

気軽に訪れやすい雰囲気

たんばちゃや
丹波茶屋 和食

¥お鍋のコース飲み放題付き1人前2,980円 ☎0773-23-5001
住福知山市駅前町140-3 ニチレクビル2F 営11:30〜14:30、17:00〜22:30
休日曜 Pなし [MAP]P87 A-4

飲み放題はセルフサービスで焼酎や日本酒が楽しめる

国産牛を使ったちりとり鍋はボリューム、味ともに満足

肉をアテに盛り上がれる焼肉居酒屋

ビールやサワー、焼酎、カクテルなどが飲み放題となる、30分290円の「大人のドリンクバー」が楽しい。リーズナブルな焼肉メニューも魅力で、お酒とお肉を賑やかな雰囲気の中しっかりと堪能できる。

高架下をイメージした店内

にくやまだにくお
肉山田肉男 肉

¥ちりとり鍋コース1人前3,000円、ホルモン380円〜 ☎0773-25-0290
住福知山市駅前町2 営18:00〜24:00(23:30LO)、[日曜]17:00〜24:00(23:30LO)
休なし Pあり [MAP]P87 A-4

福知山

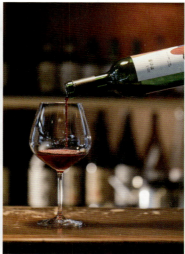

鶏は軍鶏の血をひく京地どり、卵も地元産

福知山産のブドウで造ったワインは、年間300本も造れない希少品

濃厚な地鶏と卵に山椒の風味がきりり

由良川に近くて古風な町並みが残る柳町。築120年を超える建物は、ある時代は造り酒屋、別の時代は木綿問屋だった。土間や座敷、小部屋が元の素材を生かしておしゃれな空間に生まれ変わった。中2階の個室は、壁やテーブルに綾部の黒谷和紙が施されてひときわ趣深い。親子丼は、京地どりを香ばしく炙り、本みりん、酒、醤油の濃厚なつゆをかけたもの。地元産卵でとじて、さらに卵黄を加えた濃厚な旨みを味わいたい。

やなぎまち
柳町　和食 カフェ その他
¥ 京地どりの親子丼900円[税込]
☎ 0773-22-1809
住 福知山市下柳町21　営 11:30〜14:30(14:00LO)、18:00〜23:00(22:00LO) [日・祝日]18:00〜22:00　休 12月31日〜1月4日
P あり　[MAP]P87 B-3

卵の風味とサクッとしたパイの食感がたまらない

青い空の下、ランチと眺望を楽しむ

気持ちのいい田園と山々が眺められ、時間を忘れてくつろげる。晴れていたらテラス席の居心地のよさが格別だ。飲み物とデザートが付いた3種類のランチはボリュームと素材が決め手で、特に1日8個限定の「キッシュプレートランチ」はすぐに売り切れるほど人気。雑穀米をブレンドして焼いたパンの奥深い味わいにも唸る。

もも　かふぇ
MoMo Cafe　カフェ
¥ キッシュプレートランチ1,350円　☎ 0773-22-1338
住 福知山市室568　営 11:00〜18:00　休 日〜火曜
P あり
[MAP]P87 B-2

和洋折衷の日替わり定食一例。ディナーは4,000円、5,000円、8,000円の3コース

肉に魚に野菜、満足の日替わり定食

福知山駅前で約25年、この地に移転して約45年。現在の営業はランチに特化し、ボリューム満点の日替わり定食がいただける。ひとつの定食でお魚もお肉も食べられ、サラダに茶そばに煮物に小鉢にと心づくしの手料理にほっと和む。舞鶴港から仕入れた新鮮な魚は、煮付けや刺身など日によって様々。

しゅんさいちゅうぼう みなと
旬菜厨房minato　和食
¥ 日替わり定食1,000円　☎ 0773-22-8874
住 福知山市堀2713
営 11:00〜14:00 [ディナーは完全予約制]
休 第2、4火曜　P あり　[MAP]P87 B-4

うるわしの福知山スイーツ

福知山には和洋問わず老舗や有名店が多く、毎年秋に「スイーツフェスティバル」が開催されるほど。立ち寄りたいスイーツ店をピックアップ！

ほのかな塩味が実に味わい深い

チョコレートに最適な温度をキープ

広々とした敷地に建つ瀟洒な洋館のような店舗

洋菓子マウンテン 杏と塩

世界一のチョコレートを味わう

シェフ・パティシエの水野直己氏が「ワールドチョコレートマスターズ2007フランス・パリ世界大会」にて総合優勝を果たした「杏と塩」。ミルクチョコレートに爽やかな杏の香りを閉じ込め、死海の塩で杏を引き立たせる。1978(昭和53)年の創業当時から受け継ぐ「チーズケーキ」のやわらかな食感にも感動。

洋菓子マウンテン（ようがしまうんてん） カフェ スイーツ
- ¥ 杏と塩(5個入)1,500円、チーズケーキ269円
- ☎ 0773-22-1658
- 🏠 福知山市猪崎小字山本322
- 🕙 10:00～18:30
- 休 水曜、火曜不定休
- P あり
- [MAP] P87 B-2

福知山観光の合間に光秀づくしのおやつを

明智光秀の好物・卵を生かしたプリンと、光秀の家紋・桔梗紋をデザインしたロールケーキ、桔梗紋の色をイメージしたブルースカッシュに、クッキーと生チョコ2個ずつがセットに。甘さ控えめでたっぷり食べても軽やかだ。

カフェ＆ケーキ 明智茶屋（かふぇあんどけーき あけちちゃや）
カフェ スイーツ
- ¥ 光秀プレートセット900円[税込]
- ☎ 0773-24-3210
- 🏠 福知山市篠尾新町1-1
- 🕙 10:00～19:00
- 休 火曜
- P あり
- [MAP] P87 A-4 →P13にも関連記事

光秀ファンの店主が光秀への愛を込めた

明智茶屋 光秀プレートセット

左からプレーン、ショコラ、丹波黒豆きなこ

おいしふぉん シフォンケーキ

自家栽培の米から作る無添加の贅沢ケーキ

自家栽培した低農薬コシヒカリの米粉のみを使い、産みたて卵を泡立てたその力でふっくら焼き上げるシフォンケーキ。混ぜ込むチョコレートやメープルもオーガニック、コーヒーや紅茶もカフェインレスを使う。ふんわりしっとり素材の味を生かし、日によって並ぶ種類が違うのも楽しみ。

おいしふぉん スイーツ
- ¥ シフォンケーキ300円～[税込]
- ☎ 0773-21-6600
- 🏠 福知山市上紺屋50
- 🕙 11:00～18:00
- 休 月曜
- P あり(30分無料)
- [MAP] P87 B-3

福知山

栗のやさしい甘さを味わえる

川見風月堂
丹波栗十三里・焼き栗きんとん

栗の旨みを贅沢に味わう

三代続く和菓子屋で丹波の素材が中心と聞けば、やっぱり栗を味わいたい。「丹波栗十三里」は、渋皮付きの丹波栗の甘露煮をさつま芋あんで包んだもの。栗と芋、それぞれの甘みがしっとりした食感で口中に広がる。丹波栗と砂糖のみで作る、「焼き栗きんとん〜光秀のたからもの〜」も絶妙な味わいだ。

かわみふうげつどう
川見風月堂 スイーツ

- ¥ 丹波栗十三里350円、焼き栗きんとん〜光秀のたからもの〜350円
- ☎ 0773-23-8336
- 📍 福知山市字中ノ27（広小路商店街）
- ⏰ 10:00〜18:00
- 休 木曜・第3水曜　P なし
- [MAP]P87 B-3

丹波栗ならではのほっくほく食感を楽しんで

足立音衛門
栗のテリーヌ「天」

世界中の厳選素材で仕上げた一級品

粒選りの丹波栗とヨーロッパ種の栗とともに、フランス産の発酵バターや手作り和三盆など厳選した素材を使った栗のテリーヌ「天」は、通し番号まで入ったこだわりの一品。大粒の栗をおしみなく加えて、ぎゅっと実の詰まった食感と旨みが楽しめる。

あだちおとえもん
足立音衛門 スイーツ

- ¥ 栗のテリーヌ「天」10,000円
- ☎ 0120-535-400
- 📍 福知山市内記44-18
- ⏰ 9:00〜18:30
- 休 元日　P あり　[MAP]P87 B-4

時代を超えて愛される手焼きせんべい

初代の味を4代目が受け継ぐ「踊せんべい」は、地元で誰もが知っている福知山踊りを表現した銘菓。丹波産の卵をたっぷり入れて、甘さは控えめ、一子相伝の技術でサクッとふんわり焼き上げる逸品だ。塩味の揚げそら豆をちらした、「豆玉せんべい」は甘さと塩加減がちょうどよく、お茶請けにぴったり。

千切屋
踊せんべい

なつかしい味の手焼きせんべい

ちきりや
千切屋 スイーツ

- ¥ 踊せんべい100円（1枚入）、豆玉せんべい75円（2枚入）
- ☎ 0773-22-3632
- 📍 福知山市字岡ノ一町23
- ⏰ 月〜金曜 9:00〜17:30、[土曜]9:00〜17:00
- 休 日曜・祝日　P あり　[MAP]P87 B-4　→P13にも関連記事

カツ丼や海鮮丼など7種類のどんぶりに、夏限定の冷やし中華、冬限定のお鍋が加わった全9種類

スイーツカフェ パステル
どんぶりプリン

見た目の楽しさと納得のおいしさ

毎日100個以上準備しても早い日には1時間で完売するというまぼろしのプリン。どんぶりのような見た目がおもしろいだけでなく、なめらかで口どけの良いプリンをベースに、パイやフルーツ、スポンジなどがバランスよく配置されて最後まで味わい深い。

スイーツカフェ パステル
カフェ スイーツ

- ¥ どんぶりプリン 各580円[税込]
- ☎ 0773-21-1959
- 📍 福知山市堀2363-1
- ⏰ 11:00〜19:00（18:00LO）
- 休 水曜（祝日は営業、翌日休）
- P あり　[MAP]P87 B-4

スポンジケーキに香ばしいパイ生地をまぶしたカツ丼

秋には辺り一面見事な紅葉に

「丹波のもみじ寺」としても親しまれる、福知山随一の紅葉の名所。毎年11月第2日曜は「長安寺紅葉まつり」で賑わい、京阪神をはじめ全国から多くの人が訪れる。枯山水の庭園と調和する紅葉を眺めながら、おだやかな時間を過ごそう。創建は聖徳太子の実弟・麻呂子親王の勅命によるものと伝えられ、二体の秘宝をはじめ見応えのある寺宝が残る。

ちょうあんじ
長安寺 寺社

- 拝観料 高校生以上300円、小・中学生100円
- 0773-22-8768
- 福知山市奥野部577
- 9:00～16:30
- あり
- [MAP]P87 B-2

1784(天明4)年に再建し、福知山城主杉原公の念仏地蔵菩薩を安置

木々の香りも心地よい露天風呂

高温サウナで汗をかいてデトックス

日本庭園を眺めながら露天風呂でゆったり

丹波の自然に囲まれリラックスできる日帰り温泉施設。露天風呂をはじめ、清々しい檜の香りでくつろげる檜風呂や、足裏をやさしくほぐす足裏泡風呂など、魅力的なお風呂がずらり。マッサージや韓国式あかすり、タイ王宮式セラピーなどリラクゼーションスポットも備え、旅の疲れをすっきり癒やしてくれる。

ふくちやまおんせん
福知山温泉 温泉

- 中学生以上700円、小学生以下350円［税込］、2歳未満無料
- 0773-27-6000
- 福知山市字長田小字宿81-13
- 10:00～23:00(最終入館22:30)
- なし あり
- [MAP]P87 B-2

もといせさんしゃ
元伊勢三社 寺社

伊勢神宮ゆかりの神社。神秘と霊気が漂う

伊勢神宮に天照大神が鎮座するまで永遠にお祀りする場所を探し、最初の候補地として4年間お祀りされた神社と伝わる。「元伊勢内宮皇大神社」は、全国で二ヵ所しか伝承されていない黒木の鳥居を持つ。「元伊勢外宮豊受大神社」は丹後地方へ天下った農業の神様・豊受大神を祀り、伊勢外宮の元宮と伝わる。「元伊勢天岩戸神社」は、神々が天下ったとされる日室ヶ嶽の眼下、五十鈴川渓谷に位置する。

もといせないくうこうたいじんじゃ
元伊勢内宮皇大神社

- 0773-56-1102（福知山市役所大江支所）
- 福知山市大江町内宮217
- あり
- [MAP]P87 B-1

もといせげくうとようけだいじんじゃ
元伊勢外宮豊受大神社

- 0773-56-1102（福知山市役所大江支所）
- 福知山市大江町天田内60
- あり
- [MAP]P87 B-1

もといせあまのいわとじんじゃ
元伊勢天岩戸神社

- 0773-56-1102（福知山市役所大江支所）
- 福知山市大江町佛性寺字日浦ケ嶽206
- あり
- [MAP]P87 B-1

福知山

食感や喉越し、風味など太さが異なるだけで味わいがぐっと変化

太〜いそばと極細そばを食べ比べ

鬼退治の伝説が残る福知山・大江山では、太くて噛みごたえのある手打ち十割そば「鬼そば」が名物。この「鬼そば」と、七代目店主が考案した細くて喉越しのよい「七姫そば」を食べ比べできる「なゝ姫定食」が人気。添加物のない醤油で仕立てたかけ汁もまた絶品だ。添えられた天ぷらはなんと大根。サクッと軽やかで驚くほど新鮮な味わい。

店主のなゝ姫さんは大学院在学中にこの地を訪れ、今や七代目

雲原 大江山 鬼そば屋　麺
くもはら　おおえやま　おにそばや

¥ なゝ姫定食 1,600円　☎ 0773-36-0016　🏠 福知山市雲原1248　🕐 11:00〜15:00
休 火・水曜（祝日は営業）　P あり　[MAP] P87 B-1

女性杜氏が造る すっきり淡麗な日本酒

福知山市唯一の酒蔵。盆地ならではの厳しくも豊かな自然の中、清らかな水を使って丁寧に造る日本酒は、キリッと軽やかな味わい。「福知三萬二千石 純米吟醸酒」は、果実のような豊かな香りと、すっきりとした味わいが特徴で、常温や冷やで飲むのがおすすめ。秋〜冬以外、予約すれば酒蔵見学も可能だ。

代表的な福知三萬二千石 純米吟醸酒と、淡麗な後味の六歓はな

酒蔵で直接購入することもできる

東和酒造　買い物
とうわしゅぞう

¥ 福知三萬二千石 純米吟醸酒、六歓はな 各2,800円（1.8L）　☎ 0773-35-0008
🏠 福知山市字上野115,116,117　休 不定休　P あり
[MAP] P87 C-2　→P13、P25にも関連記事

文化的体験ができる 山間の静かな宿

福知山の山間にあり、日本人だけでなく外国人旅行客にも評判の宿。築200年の古民家を改築し、田園風景が美しいウッドテラスや、夕陽が眺められる東屋を隣接。室内にはいたるところに寄贈図書が置かれ、自然に浸りながら読書する時間も心地よい。1日2組（合計8名）だけの贅沢な空間を楽しもう。

穏やかな空気が流れる共有スペース

古民家の宿 ふるま家　宿泊
こみんかのやど　ふるまや

¥ 宿泊（1泊2食付、2名1室）25,000円[税込]〜　☎ 0773-58-2236
🏠 福知山市三和町上川合156　休 不定休（12月中旬〜3月中旬は休業）
P あり　[MAP] P87 C-2

小高い丘の上に建つ 温泉宿泊施設

北近畿随一の檜露天風呂を備え、日頃の疲れをゆっくり癒やせる温泉宿。福知山市内を一望できる丘の上に建ち、温泉とともに眺望も楽しめる。宿泊用の部屋は和室と洋室どちらもあり、ビジネスにもリゾートにも対応。併設レストラン「山葵」では、和食を中心にフレンチのコースなども用意。

見事な檜の屋根と柱。見た目にも楽しい露天風呂

ホテルロイヤルヒル福知山＆スパ　温泉 宿泊
ほてるろいやるひるふくちやまあんどすぱ

¥ 宿泊（素泊まり、1名1室）7,800円[税込]〜　☎ 0773-27-5000　🏠 福知山市土師小字澤居山176　🕐 日帰り温泉6:30〜10:00、16:00〜23:00（22:30受付終了）、[土日・祝日]6:30〜23:00（22:30受付終了）　休 なし　P あり　[MAP] P87 B-2　→P20にも関連記事

広大な敷地に建つ 自然いっぱいの宿

里山の豊かな四季が感じられる宿泊施設。周囲にはテニスや野球などができるスポーツ施設もあり、たっぷり汗を流した後に大きな露天風呂でリラックスしたい。食事は併設レストラン「とどろき」で。目の前の自然を眺めながら、地元農家が作る新鮮な野菜を使用したお料理とともにくつろぎの時を。

自然の中の広大な宿。4つのお風呂を備え日帰り温泉も可能

三和荘　温泉 宿泊
みわそう

¥ 宿泊（1泊、1名1室）5,830円〜入浴料 大人550円、小学生270円[入浴料のみ税込]、小学生未満無料　☎ 0773-58-2310　🏠 福知山市三和町寺尾権現4　🕐 日帰り温泉15:00〜22:00、[土日・祝日]11:00〜22:00　休 なし　P あり　[MAP] P87 C-3

綾部 Ayabe

1896年に創業した「グンゼ」によって綾部の近代化が始まった。地場産業と豊かな自然、その文化を体感しよう。

行儀よく並ぶ埴輪がかわいい絶景スポット

舞鶴若狭自動車道を走っていると山頂の古墳が見える。これは京都府内でも最大の円墳で、およそ1,600年前に造られたとされる。史跡公園の墳頂まではレプリカの埴輪がずらりと並び、なんともおもしろい。夜間にはライトアップもされ、より幻想的な雰囲気に。墳頂からは綾部と福知山が一望できる。急坂なので歩きやすい靴で。
※2020年2月末日頃まで災害復旧工事のため閉鎖

きさいちまるやまこふんこうえん
私市円山古墳公園 見どころ
☎0773-43-1366（綾部市資料館）
住 綾部市私市町円山8-2
P あり
[MAP] P87 B-2

観光の拠点「あやべグンゼスクエア」を満喫

春・秋が見ごろ

バラまつりの期間中にはバラ苗の販売も行う

開花中は甘い香りに包まれる

120種1,200本のバラが咲き誇り、開花時期の春と秋には美しい庭園の風景が楽しめる。色とりどりのバラは見目麗しく香りも抜群で、見ているだけで華やかな気分に。見ごろの時期にはバラまつりが開催され、大勢の人が訪れる。

あやべばらえん
綾部バラ園 見どころ
☎0773-43-0811（あやべ特産館）
住 綾部市青野町あやべグンゼスクエア内
営 9:00〜17:00　休 火曜（祝日は営業、翌日休）　P あり
[MAP] P86 F-1

歴史を知る

「創業蔵」では蚕糸業で使用していた機械や道具を展示

綾部発展の一翼を担った企業の歩み

波多野鶴吉が1896（明治29）年に綾部で創業した「グンゼ」の歴史資料が展示される。創業・現代・未来に分かれグンゼの歩みをたどる「展示蔵」、生前の波多野氏が暮らした社宅を一部移築した「道光庵」など、見応えたっぷり。

ぐんぜはくぶつえん
グンゼ博物苑 見どころ
☎0773-42-3181
住 綾部市青野町あやべグンゼスクエア内
営 10:00〜16:00　休 火曜、夏期・冬期不定休あり
P あり　[MAP] P86 F-1

綾部

レトロな木造教会でいただく京の味

東京で活躍していた料理人・宮野晋氏が「京都の食材を使った料理を京都で提供したい」と綾部へ移住。昭和30年代に建てられた木造の教会をそのまま使い、メニューは「おまかせ」だけのガストロノミーレストランへ。山椒を加えた酢飯で仕立てたサワラの棒寿司は、芳醇な旨みと香りに酔いしれる。

げっと みー とぅー ざ ちゃーち
GET ME TO THE CHURCH
和食 カフェ

- ¥ランチ2,500円、ディナー4,000円
- ☎080-1238-6477
- 綾部市新宮町6 綾部カトリック教会跡
- 12:00～14:00、17:00～22:00
- [土日・祝日]12:00～22:00
- 休月・火曜(祝日は営業) Pあり
- [MAP]P86 F-2

BGMは宮野氏セレクトのジャズやクラシックのレコード盤。ジャズのイベントも開催

ひと休みはここで

飲んだ後の茶殻はポン酢につけて食べる

お茶の濃厚な旨みを楽しもう

綾部のお茶農家によるお茶専門カフェ。玉露を口に含むと茶葉の香りが鼻から抜け、旨みが口の中に広がる。米粉を使った抹茶のシフォンケーキは、ふわふわしっとりのやさしい味。ホッと和むひと時だ。

あやちゃかふぇ
綾茶cafe カフェ スイーツ

- ¥玉露セット800円[税込]
- ☎0773-43-0835
- 綾部市青野町あやベグンゼスクエア内
- 10:00～17:00 火曜(祝日は営業、翌日休)
- Pあり [MAP]P86 F-1

お土産たくさん

綾部産のお米も販売し、その場で精米もできる

綾部の特産品がそろう便利なお店

野菜、加工品、工芸品など、綾部の特産品がひと通りそろう。生産者と直接契約する直売スタイルで、その日とれた新鮮な野菜もたくさん。観光で訪れる人はもちろん、地元客からも熱い支持を得て、多くの人が集う。

あやべとくさんかん
あやべ特産館 買い物

- ¥蚕都・綾部の繭もなか200円、綾乃糸15本1,100円
- ☎0773-43-0811 綾部市青野町あやベグンゼスクエア内
- 9:00～17:00 火曜(祝日は営業、翌日休) Pあり
- [MAP]P86 F-1 →P23にも関連記事

\ 繭モチーフの和菓子たち /

製糸業で発展した蚕都・綾部ならではの和菓子をお土産に

200年以上前に建てられた元醤油店をリノベーション

煎餅がずらり！ほどよい食感がクセになる

米の選定から生地作り、焼き上げまで一貫して手がける煎餅専門店。町家をリノベーションしたモダンな雰囲気の店内に、唐辛子や黒胡椒、ゴボウなど、個性ある煎餅が並ぶ。休憩スペースでは、喫茶も可能。手焼きせんべい体験（要予約）もある。

いっぷくせんべいはんげつあん
いっぷくせんべい半月庵　買い物

¥ 唐辛子半月せんべい300円、黒胡椒せんべい・ごぼうせんべい各200円
☎ 0773-43-3323　🏠 綾部市本町2-19
🕐 9:00〜18:00、[1・2月、日・祝日]9:00〜17:00　休 木曜　P あり　[MAP]P86 F-1

蓮・クコ・松の実が入ったごはんを蓮の葉で包んで蒸し上げる、蓮の葉包蒸飯

100年以上の歴史ある漢方薬局で一服

1909（明治42）年創業「赤尾漢方薬局」の奥にあるカフェで、漢方を使った体にやさしいメニューを提供。町家をリノベーションした店内から緑あふれる中庭が眺められ、目でも癒やされる。体調に合わせて個別にブレンドするオリジナル漢方茶をお土産に。

やくぜんきっさゆうゆう
薬膳喫茶悠々　カフェ

¥ 蓮の葉包蒸飯（スープ・デザート付）1,300円[税込]　☎ 0773-42-0425
🏠 綾部市本町2-3　🕐 10:00〜18:00（17:30LO）　休 木曜、祝日　P あり
[MAP]P86 F-1

料理旅館で愉しむ伝統の味

ぼたん鍋や鮎会席のほか、豚しゃぶプランなど豊富なラインナップが魅力

伝統を大切にモダンな感性もプラス

1902（明治35）年創業の老舗料理旅館。伝統を大切にしながら、料理長独自の感性も盛り込んだモダンな本格会席料理を提供する。座敷とテーブルのどちらも備え、様々な要望に応えてくれるのがうれしい。全室カラオケ完備で、賑やかな夜も楽しめる。

りょうりりょかん　ふしみや
料理旅館 ふしみや　和食

¥ 季節の会席料理6,000円〜（サ別、食事は全て完全予約制）
☎ 0773-42-0314　🏠 綾部市並松町上番取39
🕐 11:00〜22:00　休 なし　P あり　[MAP]P86 F-2

広々とした宴会場も備え、大勢での食事会にも対応

歴史ある建物でいただく会席やぼたん鍋

1937（昭和12）年創業の料理旅館。「現長」になる前は「松雲閣」という館で、NHK連続テレビ小説『花子とアン』の登場人物・葉山蓮子のモデルである歌人・柳原白蓮が、駆け落ちした際にかくまわれていたとされる。夏には天然鮎の会席、冬にはぼたん鍋を満喫しよう。

じゅんわふうりょうりりょかん　げんちょう
純和風料理旅館 現長　和食

¥ 丹波篠山猪肉の牡丹鍋6,000円〜（サ別、食事は全て完全予約制）
☎ 0120-50-1826　🏠 綾部市並松町上番取18-1
🕐 予約状況によって変動　休 不定休　P あり　[MAP]P87 C-2　→P26にも関連記事

綾部

大草原で動物と一緒にのんびり

4匹の捨て猫を引き取ったのがきっかけで話題となり、動物たちとふれあえる賑やかな牧場へ。ヤギやヒツジをはじめ、ふわふわかわいいウサギなどへの餌やりが体験できる。バドミントンなどの遊具は無料で借りられ、手ぶらで来ても思う存分満喫。ハンモックでひと休みしたりBBQ施設でおいしいお肉を楽しんだりと、思い思いに過ごそう。

抱っこするのはNGだが寄ってきてくれたら存分になでよう

あやべふれあいぼくじょう
綾部ふれあい牧場　体験

- ¥ 手ぶらでBBQ 2,800円
- ☎ 0773-48-1000
- 住 綾部市位田町桧前81
- 営 10:00〜18:00（冬期は17:00まで）
- 休 火曜　P あり
- [MAP] P87 C-2

広い草原で自由気ままに暮らすヒツジたち

美しい眺めと心地よい温泉にリラックス

自然豊かな山間にある天然温泉。緑を眺めながら入る露天風呂の心地よさは格別だ。隣接する二王公園にはグラウンドゴルフ場やテニスコートなどがあり、様々なスポーツにトライできる。連泊するゲストも多く、のんびりくつろぐのに最適。

木の香りただよう露天風呂に浸かれば、日々の疲れも取れる

あやべおんせん　におうかん
あやべ温泉 二王館　温泉　宿泊

- ¥ 入浴料大人500円、小学生以下250円[税込]／宿泊(1泊2食付)11,000円〜
- ☎ 0773-55-0262　住 綾部市睦寄町在ノ向10　営 10:00〜21:00（受付終了20:30）
- 休 第2・第4月曜（祝日は営業、翌日休）　P あり　[MAP] P86 D-1　→P21にも関連記事

老舗の味をカジュアルに楽しむ

老舗料理旅館「ふしみや」の系列で、こちらはカジュアルな雰囲気。とはいえ、地場で採れた新鮮な野菜や舞鶴漁港の魚介類、美山の湯葉など、厳選した素材で仕立てられた料理は絶品。和洋の惣菜9品とメイン料理が選べるランチが人気。

お屋敷を改装した店内は、広々としてスタイリッシュな雰囲気

まちやだいにんぐ　ゆらりひろこうじ
町家ダイニング ゆらり広小路　洋食

- ¥ 広小路ランチ 1,800円　☎ 0773-40-2288
- 住 綾部市広小路1-2　営 11:00〜15:00(14:00LO)、17:00〜22:00(21:00LO)
- 休 水曜、火曜不定休　P あり　[MAP] P86 E-1

綾部のおみやげ

製菓用ではない抹茶を使用し、抹茶本来の風味と甘味を引き出す

わらび餅×抹茶クリーム

元和菓子職人で現お茶農家が作る、綾部茶を使った甘味。わらび餅の中に抹茶クリームを入れた「茶わらび」は、口に含むとはかなく消えていく繊細な食感が魅力。購入できる場所はグンゼスクエアのあやべ特産館など。

ぐでぃーず
goodies　スイーツ

- ¥ 茶わらび(3個入り) 600円　☎ 090-3727-4719　住 綾部市和木町桶ノ口33
- 営 基本的に店舗運営なし。来店時には要TEL　P あり　[MAP] P87 C-2

とろけるハンバーグドリアが看板メニュー

プロバンスをイメージした漆喰の店内で、親しみやすい洋食が楽しめる。人気の「ハンバーグドリア」は、自家製バターライスにハンバーグとたっぷりのデミグラスソースをトッピングしたボリューム満点のメニュー。休日には京阪神からの客が訪れて賑わう。

濃厚なソースとジューシーなハンバーグが相性抜群

ら　てぃーのす
LA TINOS　洋食

- ¥ 手作りハンバーグドリア(サラダ付) 1,000円　☎ 0773-43-1526
- 住 綾部市本町8-10　営 11:30〜15:30(15:00LO)、17:00〜22:00(21:00LO)
- 休 火曜　P あり　[MAP] P86 E-1

\古くて新しい/ 上林エリア

JRの駅がある綾部市の中心部から車で20分程。里山の自然の中に、おいしいカフェや魅力的なスポットが点在！

ほんのり甘くてカリポリ歯ごたえが楽しい、米粉の、かたクッキー

オーガニック食品が並ぶ店内。奥には飲食スペースも備える

体にやさしい米粉食品の専門店

上林エリアで10年ほど自然食品や加工食品を扱っていたお店が、2019年に米粉の食品専門店「KOKU」としてリニューアル。環境や健康に配慮した農法で育てたお米の米粉を使い、オリジナル米粉スイーツ「かたクッキー」や、小麦・卵・乳製品を使わないグルテンフリースイーツ・パンなどを提供する。

こく
KOKU カフェ スイーツ
¥ KOKUオリジナル商品220円〜 ☎ 0773-21-8174
🏠 綾部市八津合町西屋14
🕙 10:00〜16:00 休 日・月曜、祝日（臨時休業あり）、年末年始 Pあり
[MAP] P86 D-2

田園風景の中に突如現れるカフェ。驚きと楽しさがある

石窯で焼きあげた食パンは香ばしく、ふわふわ＆もっちり

田園風景を楽しみながら沖縄気分に浸る

綾部に移住した店主が、絶品の沖縄料理を作り出す。人気の「カメカメーランチ」は、ソーキそばやポークと卵のおにぎり、ジーマミ豆腐などに加え、デザート＆ドリンク付きでボリューム満点。おばあ仕込みのジーマミ豆腐は黒糖をかけてスイーツ風に。

かふぇつきぼし
カフェ月星 カフェ
¥ カメカメーランチ1,500円 ☎ 0773-21-6392
🏠 綾部市武吉町西45
🕙 11:00〜16:00 休 火〜木曜 Pあり
[MAP] P87 C-2

ゆっくり時が流れる古民家カフェ

季節ごとにブレンドを変えて提供するコーヒーは、すっきりとした飲み心地で、あとくち爽やか。チョコレートの芳醇な香りと濃厚な味わいが楽しめる「ガトーショコラ」との相性も抜群だ。女性客にはほんのり甘い手作りキャラメルのおまけ付き。旅の疲れが癒やされる。

わだち
轍 カフェ
¥ ガトーショコラのケーキセット600円
☎ 0773-21-1008 🏠 綾部市十倉志茂町小仲41-2
🕙 11:00〜17:00 休 水・木曜 Pあり
[MAP] P87 C-2

石窯焼きならではの香ばしいパン

聴覚障がい者のための就労の場としてオープン。天然酵母を使用したやさしい風味のパンを販売するほか、パン作り・ピザ作り体験も行う。材料は国産小麦をはじめ、有機の食材をできるだけ使用。奥の飲食スペースは持ち込みもでき、ちょっとひと息つくのにおすすめ。

いこいのむら・たからのさと
いこいの村・たからの里 パン
¥ 食ぱん(1斤)400円、石窯焼きカレーぱん200円[税込]
☎ 0773-21-4166 🏠 綾部市睦合町前田22-1
🕙 10:00〜15:00 休 水曜 Pあり
[MAP] P87 C-2

綾部

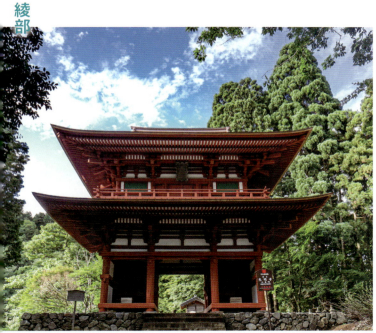
二王門は2018年に修理工事が完了

京都府北部唯一の国宝・二王門

推古天皇の時代、聖徳太子が創建したと伝えられる。1954(昭和29)年に国宝に指定された二王門は数少ない二重門で、三間一戸、入母屋造、屋根は全国的にも珍しい「とち葺き」。二王像として親しまれる金剛力士像も重要文化財で、お寺の中に仏敵が入り込むのを防ぐ役割を担う。国宝の門の中に国指定の金剛力士像が置かれているのは、光明寺二王門のほかは全国に3ヶ寺のみ。

冬は雪が多いため、春から秋に訪れるのがおすすめ

こうみょうじ におうもん
光明寺 二王門 寺社
☎0773-55-0550 住綾部市睦寄町君尾1-1 Pあり
[MAP]P86 D-1 →P9、10にも関連記事

境内の菩提樹、サルスベリ、椿が三古木として知られる

春にはツツジが艶やかに咲き誇る

「関西花の寺25ヵ所」第二番札所であり、境内には四季折々の花が咲く美しい寺。特に4月中旬のミツバツツジ、初夏のハスが見事で、花々の生命力を感じることができる。四季のカラスの襖絵から「カラス寺」ともいわれる。

りょうごんじ
楞厳寺 寺社
☎0773-47-0043 住綾部市舘町楞厳寺6 Pあり
[MAP]P87 C-2

種類豊富な惣菜パンに思わず目移り

神戸で約7年営業し、綾部へ移転。自家製野菜をふんだんに盛り込んだ全粒粉入りの惣菜パンが人気だ。テイクアウト利用が多いが、テラス席もあるので、週替わりのスープと組み合わせ、風景を眺めながらのんびり食べるのもまた楽しい。

サンクミッシュ パン
¥チーズバーガー430円、新たまねぎのフランス200円、週替わりスープ350円
☎0773-21-6166 住綾部市位田町野本34-9
営9:30〜18:00 休日〜水曜 Pあり
[MAP]P87 C-2

店頭では新鮮な自家製野菜の販売も行う

ふかふかのシフォンケーキに舌鼓

隣にはギャラリーを併設。器の展示やイベントなども行う

元和菓子店の古民家をリノベーション

味わい深いアンティーク家具は、和菓子店で使っていたものをそのまま譲り受けた。名物はふかふかのシフォンケーキで、卵のやさしい風味と口どけのよさが特長。作家ものの器で提供され、器は購入することも可能だ。

でこ
DECO カフェ
¥てづくりSweets Deco盛り450円、コーヒー400円 ☎0773-44-0783
住綾部市七百石町竹安7-3 営11:00〜17:00 休水・土曜 Pあり
[MAP]P87 C-2

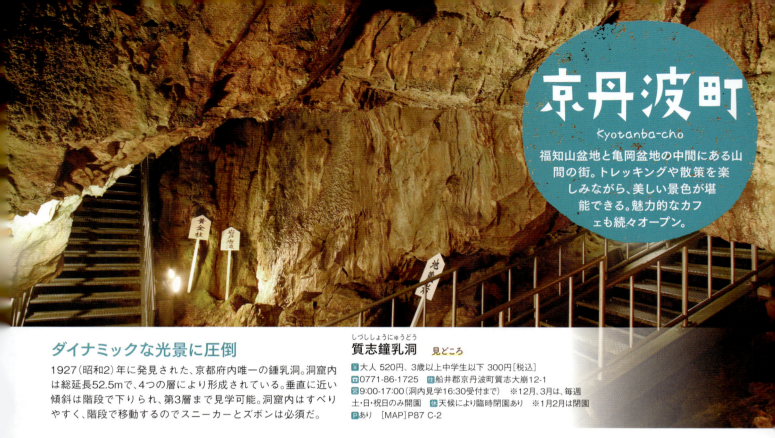

京丹波町
Kyotanba-cho

福知山盆地と亀岡盆地の中間にある山間の街。トレッキングや散策を楽しみながら、美しい景色が堪能できる。魅力的なカフェも続々オープン。

ダイナミックな光景に圧倒

1927（昭和2）年に発見された、京都府内唯一の鍾乳洞。洞窟内は総延長52.5mで、4つの層により形成されている。垂直に近い傾斜は階段で下りられ、第3層まで見学可能。洞窟内はすべりやすく、階段で移動するのでスニーカーとズボンは必須だ。

しづししょうにゅうどう
質志鍾乳洞　見どころ

- ¥ 大人 520円、3歳以上中学生以下 300円［税込］
- ☎ 0771-86-1725　🏠 船井郡京丹波町質志大崩12-1
- 🕘 9:00-17:00（洞内見学16:30受付まで）　※12月、3月は、毎週土・日・祝日のみ開園　休 天候により臨時閉園あり　※1月2月は閉園
- P あり　［MAP］P87 C-2

直径7.1m樹高18mと大きく、見応えたっぷり。自然の不思議を確かめよう

7種類が共生する不思議な木

京丹波の最高峰「長老ヶ岳」のふもとに野生する樹木で、1本のカツラの木にスギ、ケヤキ、イロハモミジ、フジ、カヤ、イタヤカエデの6種類の木が共生している。JR和知駅から町営バスで「仏主」へ、ハイキング道を15分余り歩くと到着。

ちょうしていぶんかざい
町指定文化財
（天然記念物）七色の木　見どころ

- ☎ 0771-89-1717（京丹波町観光協会）
- 🏠 船井郡京丹波町仏主
- P あり　［MAP］P86 D-2

向かって左に不動明王の祠、右には神様が祀られる

ことたき
琴滝　見どころ

- ☎ 0771-89-1717（京丹波町観光協会）
- 🏠 船井郡京丹波町須知
- P あり　［MAP］P86 D-3

一枚岩から流れ出る大胆な水流

JR園部駅からバスで「琴滝道」へ、約30分歩くと、高さ43mの一枚岩を流れ落ちる美しい滝が現れる。名前の由来は13弦の琴糸のように見えることから。繊細な水の動きやサラサラと流れる清々しい音など、五感で自然を楽しもう。

ふわふわ食感の「だし巻きサンド」

みちのえき　きょうたんばあじむのさと
道の駅 京丹波味夢の里　買い物 和食 その他

- ¥ 大黒本しめじ500円　☎ 0771-89-2310
- 🏠 船井郡京丹波町曽根深シノ65-1　🕘 6:00~21:00
- （京丹波マルシェ9:00~、フードコート10:00~、レストラン11:00~）
- 休 なし　P あり　［MAP］P86 D-3　→P23にも関連記事

1500年前の古墳に思いを馳せる

塩谷古墳公園が広がり、京丹波の和やかな景色と古墳群が一望できる。店内には製麺所を備え、予約をすれば地元のそば粉を使ったそば打ち体験も。京都縦貫道「京丹波みずほIC」と「丹波IC」の間にあり、一般道からもアクセス可能。

京丹波名物「大黒本しめじ」をお土産に

自然いっぱい道の駅

京丹波町

日本ワインの草分け的存在

1979(昭和54)年創業のワイナリーで、京都の食文化に根ざしたワインを造り続ける。6ヘクタールの畑で48種類のブドウを栽培、手摘みで収穫して最上のワインへ。完全予約制の併設レストラン「duTamba(デュタンバ)」にて、地元食材とワインのマリアージュを。

丹波ワインハウス 洋食
- ☎0771-82-2003
- 船井郡京丹波町豊田千原83
- ショップ10:00〜17:00、レストラン11:30〜14:30
- ショップ木曜、レストラン月〜木曜
- あり [MAP]P86 D-3

ランチは3,000円と5,800円2種類の計3コースをご用意

日照りや疫病の守神として町民の信仰を集める

静かに祈りたくなる美しい神社

国指定重要文化財で、1029(長元2)年に京都の松尾大社から神霊が移されたといわれている。室町時代の面影を今に伝える優美な造りの本殿は実に見事。京都自然200選に選ばれた巨木とともに、神聖な気持ちへ誘う。

九手神社 寺社
- ☎0771-84-0028(京丹波町教育委員会)
- 船井郡京丹波町豊田 あり
- [MAP]P86 D-3

無料のワイナリーツアーでは見学と試飲ができて所要時間は約60分。2日前までの事前予約が必要となる

明隆寺観音堂 寺社
- ☎0771-84-0028(京丹波町教育委員会)
- 船井郡京丹波町下栗野
- 拝観自由
- あり [MAP]P86 D-2

常時拝観できるのは三十三体の観音像と四天王像

丹波地方随一の大きさを誇る村堂

室町時代後期の建立で、村堂としては丹波地方で最も大きく、また古い建造物として国重要文化財に指定されている。本尊に祀られる木造観音立像は平安時代後期の一本造りとなっており、秘仏として60年に1回御開帳(次回は2060年)。

道の駅 丹波マーケス 買い物 その他
- ☎0771-82-3180 船井郡京丹波町須知色紙田3-5
- 9:00〜20:00(店舗により異なる)
- 不定休 あり [MAP]P86 D-3

京丹波町のシンボル・美女山が背景に

ショッピングセンターや書店、ドラッグストアなど便利で多彩な専門店街と、丹波の味がそろうレストラン街でひと休み。裏手に見える美女山は京丹波町のシンボルで登山も可能。青々とした美しい山は眺めているだけで癒やされる。

美女山の登山コース上には展望台もあり、雄大な景色が一望できる

道の駅 和 買い物 和食 その他
- ¥だし巻きサンド575円 ☎0771-84-1008 船井郡京丹波町坂原上モジリ11 8:30〜18:30(レストラン11:00〜17:00)(とれたて野菜市 毎週水、日、祝日 8:00〜11:00)
- 不定休 あり [MAP]P86 D-2 →P23にも関連記事

京丹波・和知の名産がそろいぶみ

特産館からは京丹波の大自然がパノラマのように望め、野外休憩所では澄んだ空気に癒やされる。毎週水・日曜の朝市や、日曜の山野草マーケットは多くの人が訪れる。

京丹波の朝どれ野菜がふんだんに

お米や卵、お肉など地元の食材と、朝とれたばかりの新鮮な野菜で作る、彩り鮮やかなランチが大好評。特に曜日限定の特別ランチが好評で、水曜は「MINI ONEプレート」、木曜は「木曜ランチ」、金曜は「特製お弁当」と、いずれもバラエティに富んだ内容で毎日訪れても飽きない。イギリスの田舎をイメージした店内で、ゆったりくつろごう。

cafe＆ランチ MINI ONE　カフェ
（かふぇあんどらんち　みに　わん）

- ¥ 木曜ランチ 2,000円（特別ランチは3日前までに要予約）
- ☎ 0771-86-1773
- 🏠 船井郡京丹波町井尻松ヶ鼻15-4
- 🕐 10:00〜17:00　休 月・火曜　P あり
- [MAP] P87 C-3

写真は木曜ランチ。揚げ物をできるだけ控えた体にやさしい料理を提供

和知うめはら　和食
（わちうめはら）

- ¥ きまぐれランチ1,200円〜、
  ※海鮮丼の日は1,600円、
  焼き鯖寿司920円[税込]
- ☎ 0771-84-0015
- 🏠 船井郡京丹波町升谷下子来73
- 🕐 11:00〜14:00、16:00〜18:00
  （日曜は11:00〜16:00）
- 休 火曜　P あり　[MAP] P86 D-2

土日限定の焼き鯖寿司（写真後方）も道の駅で人気の品

仕出しやお弁当も人気の和食店

近所にある「道の駅 和」で、多い時はひと月で300個売れる「出し巻きサンド」を提供している店。店内で食べるなら、日替わりのお得な「気まぐれランチ」を。イシダイ、ヤリイカなど舞鶴産の新鮮な魚介がのった海鮮丼は、具だくさんでお値打ちと評判だ。そのほか、エビフライなどがのったワンプレートが出ることもある。

ホテルや料亭で長年修業を積んだ店主が、2019年1月にオープン

濃厚な栗の旨みに酔いしれる

原材料にこだわり、京丹波でとれたオーガニックの作物や添加物を使用しない食材でお菓子を作る。渋皮のついた丹波栗を使ったパフェは、渋皮をペーストにしたクリームやほろ苦いキャラメル、よつ葉乳業の濃厚なクリームを重ね、ひと口ごとにおいしさが加速。

菓歩菓歩　カフェ
（かぼかぼ）

- ¥ モンブランパフェ 大1,100円、小680円
- ☎ 0771-84-0959
- 🏠 船井郡京丹波町坂原ショウガキ16　🕐 11:00〜19:00
- 休 火・水曜
  （11〜1月は不定休あり）
- P あり　[MAP] P86 D-2

白を基調にしたおしゃれな店内。テラス席も大人気

天然鮎ならではの食感と旨みを堪能

JR和知駅からすぐの料理旅館。6月末から9月上旬までは天然鮎を使った鮎懐石が楽しめる。和知川の鮎は、綺麗な水や豊富なコケで身が引き締まり、味も抜群。「洗い」（刺身）や「背ごし」は、早い時期だと特に身がやわらかくおすすめだ。

鮎茶屋 料理旅館 角屋　和食　宿泊
（あゆちゃや　りょうりりょかん　かどや）

- ¥ 鮎懐石（6〜9月初旬）6,700円
  ／ぼたん鍋（冬）5,000円
  ※各サービス料別
- ☎ 0771-84-0009
- 🏠 船井郡京丹波町本庄野畑7-1　🕐 11:00〜
- 休 不定休　P あり
- [MAP] P86 D-2

姿寿司や釜飯など、多彩な鮎懐石

京丹波町

ノスタルジックな木造校舎で、個性派ぞろいのお店に出会う

旧質美小学校
きゅうしつみしょうがっこう

イタリアン　カフェ　スイーツ　買い物　見どころ

1960（昭和35）年に建設され、2011（平成23）年3月に閉校した質美小。各教室のつくりや当時の備品をそのまま生かした校舎に一歩入れば、幼い頃が懐かしく心和む。レストランやカフェ、雑貨店、本屋など多彩な店を楽しもう。

船井郡京丹波町質美上野43
Pあり　[MAP]P86 D-3

pandozo cafe
ぱんどーぞ　かふぇ

¥大人のビスマルクピザ1,750円、きのこと大きな貝柱のぜいたくクリームソースパスタ1,450円
☎0771-87-9015　営11:00〜17:00(16:30LO)
[火曜]16:00(15:30LO)　休月・水曜

元パン職人が作るピザと生パスタ

ピザに使うのは本場イタリア産の粉、パスタは5種類の麺をソースによって使い分け、どんな定番メニューも「もっと良いものを」と日々更新を欠かさない店主。休みの日には夫婦で食べ歩くという飽くなき食への関心が、どれを食べてもハズレなし、あれもこれもと食べたくなる魅力につながっている。

濃厚なクリームソースと半熟卵に、ほどよいベーコンの塩気「大人のビスマルクピザ」（手前）と、京丹波町特産のはたけしめじがトッピングされた生パスタ（奥）

絵本ちゃん
えほんちゃん

☎090-2705-8622
営12:00〜17:00
休月・水曜、臨時休業あり

絵本だけでなく、田舎暮らしのライフスタイル本や、自然がテーマの本など地域に関連した本も置いている

豊かに広がる絵本の世界へようこそ

質美小が閉校となった後、最初にスタートした「絵本ちゃん」。販売だけにこだわらず、コミュニティとしての機能を大切に店づくりをしてきた。それは今も変わらず、地元の子連れママはもちろん、絵本好きの遠方からの常連客など、たくさんの人が訪れる場所になっている。

上質でゆるやかな時間が流れる

「忙しい日々の人こそ、ゆっくりとリラックスして過ごしてほしい。それが一番大切」と話す店主の東さん。丁寧に作られたスイーツはぜひ味わいたい。小麦粉をほとんど入れないガトーショコラは、濃厚で驚くほど滑らかな口あたり。

盲亀浮木
もうきふぼく

¥質美珈琲450円、自慢のとろけるガトーショコラ600円[税込]
☎080-2458-2093
営休営業日時はFBページで要確認

数種類のベリーを煮込んだソースを添える

テーブルに置かれた本を読んだり、花を眺めたりして過ごそう

我が家のおやつに常備したい、手作りおかき

地元のもち米を使い、毎年冬に1年分の餅をつき、天日に干して保存する。それをカットし、焼いたり揚げたりして完成する手作りおかきは、余計なものがいっさい入らない、まさに「おばあちゃんの味」。米の香ばしさと旨みが広がる素朴なおいしさに、ついつい手がのびる。

おかきの店
おかきのみせ

¥手づくりおかき1袋100円[税込]〜
なし
営12:00〜16:00
休不定休

昆布、ずんだ、黒米、紫芋などが入って、カラフルな見た目も楽しい

南丹市
Nantan-shi

自然が残る静かなエリア。美しい渓谷や、昔ながらの茅葺き民家が残る里など、なつかしい風景に出会える。

マイナスイオン立ち込める名瀑

園部町の高原にある4kmの渓谷。四季折々に変化する景色が美しく、巨石や岩、滝などの見どころがたくさんある。中でも「鳴瀑」は、滝の裏が空洞のために音が響くことからこう呼ばれ、名所となっている。

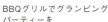
るりけい
るり渓 見どころ

住 南丹市園部町大河内
[MAP] P86 D-4

美しい自然に包まれた広大な高原リゾート

本格派の温泉を軸に、和風旅館、レストランやカフェなど多彩な施設をもつ。2016年に誕生したグランピング施設「GRAX」は7種類・46サイトと圧巻の広さ。グランピングをコンセプトにしたリラクゼーションエリア「ランタンテラス」では、約2万冊の書籍をかたわらにゆったりとした時間が流れている。日帰りでも宿泊でも、るり渓散策もあわせて一カ所で満喫できる複合型高原リゾート。自然に調和したイルミネーションも訪れる人を魅了している。

広大な敷地にコットンテントやキャビンなどが点在

BBQグリルでグランピングパーティーを

挽きたてのコーヒーも楽しめるランタンテラス（宿泊客は特別料金で利用可）

幻想的なオーロラショー「オーロラエクスペリエンス」

きょうとるりけいおんせん　ふぉーれすとりぞーと
京都るり渓温泉 for REST RESORT 温泉 宿泊 体験

¥ GRAX（グランピング）デラックス・ジュニアスイート・トレーラー9,700円～（4名利用時／夕・朝食、温泉入浴込み）
☎ 0771-65-5001 住 南丹市園部町大河内広谷1-14
休 なし P あり
[MAP] P86 D-4　→P21にも関連記事

南丹市

盛り付けに遊び心が光るミニ会席は、平日お昼限定で大人気

1956年創業。食事もカフェも和の心を堪能

「日本料理をカジュアルに楽しんでほしい」と始めた平日お昼限定のミニ会席は、2コース。小粋なジャズが流れる中、色鮮やかな器もあわせて楽しみたい。また、夏期限定のカフェで食べられる「笑日(わらび)もち」は会席料理のデザートとして出していたもの。これをたっぷり盛り込んだ和テイストのパフェも、夏の風物詩として親しまれている。年配の方に好評の座椅子テーブルも気軽に相談を。

津多屋(つたや)　和食

¥ ミニ会席3,000円〜[税サ込](平日昼限定)、笑日パフェ700円[税込]
☎ 0771-62-0508
住 南丹市園部町若松町62-7
営 11:30〜14:30、17:00〜22:00(21:30LO)
休 不定休　P あり　[MAP]P86 D-3

毎年人気のわらび餅cafeは6〜9月の火・水・木・金曜(12:00〜16:00)。笑日もちセットとパフェは数量限定

1956年創業。のれんをくぐる前から期待が高まる

土間はカウンターとテーブルをしつらえた洒落た空間

カラフルなプレートランチはボリュームも大満足

小粋な古民家でとっておきのベーグルを

築160年の古民家を改装した、開放感たっぷりのモダンなカフェ。スタート時から人気のB.L.Tなど、ベーグルサンドはもちもちとした食感がクセになる。数量限定のプレートランチはやさしい味わいで、色とりどりのおかずにワクワクする。ギャラリーの作品を見たり畳の上で本を読んだり、思い思いの過ごし方が似合う一軒だ。

ギャラリーカフェ 道の途中(ぎゃらりーかふぇ みちのとちゅう)　カフェ

¥ プレートランチ1,500円〜[税込]　☎ 0771-68-3155
住 南丹市園部町口人ヒマキ50番地1　営 10:30〜17:00(16:30LO/ランチ11:00〜14:00)
休 月・金曜(祝日は営業)　P あり　[MAP]P86 D-4

BBQに日帰り温泉。山の家で自然を満喫

屋内BBQ場やキャンプ場で日帰りBBQを楽しんだり、ロフト付きのコテージに泊まったり。目の前を流れる小川も、サワガニや魚釣りにと子どもたちに大人気。本館には天然温泉もあり、日帰り入浴やちょっとした宴会もおすすめ。地元でつくる新鮮野菜や南丹の食材を使ったちゃんこ鍋、冬期限定のぼたん鍋もぜひ(※要予約)。

ひよしフォレストリゾート 山の家(ひよしふぉれすとりぞーと やまのいえ)　温泉 宿泊

¥ 宿泊(コテージ1棟／6人用)18,000円〜(2食追加+3,500円〜／1人)、日帰り入浴200円　☎ 0771-72-3535　住 南丹市日吉町生畑ツノ元下16
休 なし　P あり
[MAP]P86 D-3

お手頃な和牛BBQプランなど日帰りBBQは手ぶらでOK

コテージは1棟貸しで全5棟。一番奥のプレミアム棟はソファ完備でゆったり

嵯峨野線・八木駅から徒歩約1分。創業82年の老舗レストラン

若き三代目が腕をふるう老舗レストラン

「毎日楽しめる洋食」をコンセプトに、3世代受け継いだ味にフレンチやイタリアンのテイストを加えた料理の数々。季節のスープはバターを極力使わず、鶏ガラベースであっさりと。玉ネギドレッシングは生姜の風味がさわやか。植物性乳酸菌使用のさくらポークの豚カツは肉そのものに旨みと甘みがあり、クラフトビールとも好相性。

亀岡牛入りの木こり風ハンバーグは驚くほどやわらかく、食べやすい

レストランいけじゅう 洋食

¥グルメセットB 2,297円、亀岡牛入りハンバーグ815円〜 ☎0771-42-2034
住南丹市八木町八木東久保39-8 営11:00〜14:30、17:00〜21:30(21:00LO)
休木曜(祝日は営業) Pあり [MAP]P86 D-4

サーロインステーキ、スープ、サラダ、ライスが付く「ステーキランチ」

座敷席のほか、離れのテーブル席、屋外席もある

カリっと揚がったからあげ

ツーリング客と地元客から重宝される食事処

神吉の集落の中にある民家をリノベートした食事処。料理人の店主が一目でここを気に入り、移住し開業した。洋食がメインで、おすすめはからあげ定食やステーキ丼ランチ。野菜たっぷり、味も抜群！「こんな田舎で本格的な料理が食べられるなんて」と町唯一の洋食屋に地元の人も大喜びで、ワンコイン弁当も人気だ。

古民家食処 美・火水 洋食
(こみんかしょくどころ みかみ)

¥ステーキランチ1,800円[税込] ☎090-3925-0036 住南丹市八木町神吉西垣内45-1
営11:00〜15:00(金・土曜は18:00〜23:00も営業)、平日の夜は要予約
休水曜、第3火曜 Pあり [MAP]P86 E-3

サラダ、ミニスープ、パン、ドリンク付きのランチは3種類。

ハーブの香りに包まれたアットホームな一軒

「にぎやかな庭」という店名のとおり、香り高いハーブや季節の花々が出迎えてくれる。テーブル10席とカウンター4席の明るい空間は、さながら南仏の田舎のよう。フランス人シェフ直伝のレシピをもとに、旬の野菜をたっぷり使った家庭料理やスイーツの数々。食後はレモンヴァーベナティーで余韻を楽しみたい。毎年買い付けに行くアンティークの食器はレジ前に。「古いものを大切にしながら気軽に日常使いを」と、デザート皿などとして提供している。

Café Le Jardin Pop フレンチ
(かふぇ る じゃるだん ぽっぷ)

¥週替わりのランチ「真鯛のポワレと季節の野菜のエチュベ」(サラダ、ミニスープ、パン、ドリンク付き)1,450円[税込] ☎0771-65-0489 住南丹市園部町埴生小山54
営水〜金曜11:00〜16:00、土日・祝日9:30〜17:00(ディナーは要予約)
休月・火曜 Pあり [MAP]P86 D-4

料理に使うハーブは毎朝シェフが摘む

ひと目で気に入った古民家を思い切ってリノベーション。ペット連れの方はテラス席を

アンティークの食器や雑貨も販売

美山町
Miyama-cho

南丹市

　美山の中心部にある北村地区は、集落の民家約50棟のうち38棟が茅葺き屋根で、国の重要伝統的建造物群保存地区に指定されている。地区の中は実際に町民が暮らしているので生活の邪魔をしないように静かに散策しよう。

地元産の米、野菜、肉、加工食品、お菓子、木工品などが買える

買い物もできる休憩スポット

　休憩スポットとして多くのドライバーやサイクリストが利用。敷地内の「ふらっと美山」では新鮮な野菜や乳製品などの特産品が並び、「美山のめぐみ 牛乳工房」では搾りたての生乳から作るプリンやジェラートを販売。ジェラートは美山産の緑茶やブルーベリーなど豊富な味が楽しめる。

ふらっと美山の向かいにある「美山の恵み牛乳工房」のジェラートがおすすめ

　　みちのえき　　みやまふれあいひろば　　ふらっとみやま
道の駅 美山ふれあい広場 ふらっと美山　買い物

☎0771-75-0190　🏠南丹市美山町安掛下23-2　🕐8:30〜18:00(10月〜3月は17:00まで)
休1月〜3月は水曜、4月〜12月は第3水曜(8月・11月除く)　Pあり
[MAP]P86 E-2　→P23にも関連記事

200年前のかやぶき民家を忠実に再現

　かやぶきの里の中心部にあり、美山地区の約200年前の民家の姿を忠実に再現した資料館。土間や囲炉裏がある母屋、室内にある馬小屋、土間の上げ庭もこの地域の特色だ。この地区で集められた古い農機具や生活道具などが200点展示されており、雪深い山里で昔の人々がどのような暮らしをしていたのかを知ることができる。

　みやまみんぞくしりょうかん
美山民俗資料館　見どころ

¥大人300円[税込]、中学生以下無料　☎0771-77-0587(かやぶきの里保存会)
🏠南丹市美山町北中牧4　🕐9:00〜17:00(12月〜3月10:00〜16:00)
休月曜(12月〜3月)　Pなし　[MAP]P86 E-2

縁側でお茶をいただきながら、ゆっくりと景色を眺めたい

実際に使われていた農機具

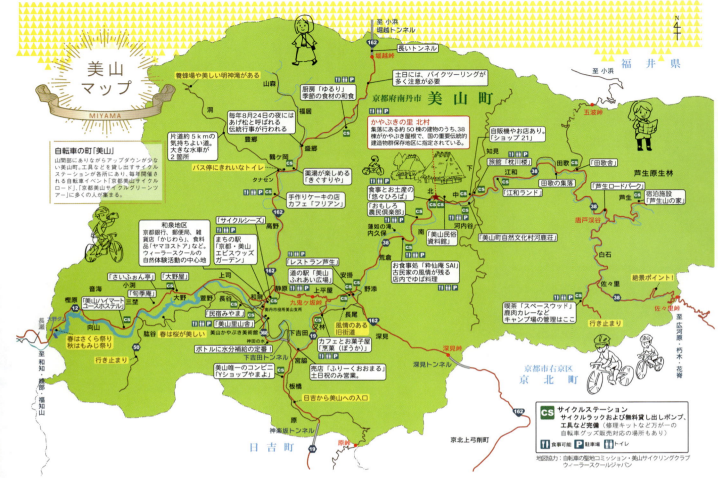

美山とサイクリングの情報が得られるカフェ

自転車を中心に美山で自然体験や農業体験、イベントなどを企画しているブラッキー中島隆章さんの店。子どものための自転車教室「ウィーラースクールジャパン」を主宰し、全国を駆け回る。仲間たちと手づくりした建物や内装はとってもおしゃれで、自転車や美山の情報交換の場でもある。自家栽培の米や地元の新鮮な野菜を使った食事やカフェ利用ができる。

土鍋炊きのごはんと旬の野菜が中心の美山ランチは絶品。予約して食べに行こう

ブラッキー中島隆章さん

ウッディでおしゃれな外観

サイクルシーズ　カフェ レストラン

美山ランチ1,200円（平日は要予約）、コーヒー300円［税込］　090-5248-0055　南丹市美山町和泉小橋ノ本16-1　13:00〜17:00（土日・祝日10:00〜17:00）　不定休　あり
[MAP]P86 D-2

南丹市

築170年の古民家で味わう香り高いコーヒー

京都市内で自家焙煎コーヒーの卸しや販売を35年間営んでいた夫妻が、縁あって2009年に移住。大きな窓越しにのどかな風景が広がる古民家で、本業のほかに民宿も手がけている。囲炉裏のそばでいただく夕食は、地元の野菜が中心の前菜が7品ほど。メインの丹波牛と美山地鶏の鉄板焼きは、これを楽しみに訪れるリピーターも多い。宿泊は一日一組限定という特別感。大人数でもゆっくり過ごせると好評だ。

きょうとみやまさいふぉんてい
京都美山さいふぉん亭　宿泊

¥宿泊(1泊2食付)月〜金曜、日・祝日15,000円、土・祝前日18,000円[税サ込]
☎0771-75-1037　住南丹市美山町大野広畑17
休火曜、月1回水曜
Pあり　[MAP]P86 D-2

お天気のよい日は縁側で。ほのかな甘みに癒やされるマイルドブレンドがおすすめ

藁葺き屋根の古民家。和室が4部屋の広々とした間取りは、3世代など大家族でも気兼ねなく過ごせる

カフェとして再出発。四季の恵みを味わう空間

築300年の広々とした古民家を全面改装した民宿として親しまれていた旬季庵。2016年6月にリニューアルし、ランチやお茶を楽しめるカフェとして再出発した。母娘の二人三脚で、渡仏経験をもつ娘さんが厨房を担当。数量限定の「おばんざいランチ」は、美山の豊かな食材や自家製野菜を使った計7品を御膳スタイルで。手づくりのスイーツもぜひ味わいたい。大きな囲炉裏を囲みながら、非日常のひとときを。

しゅんきあん
旬季庵　カフェ

¥おばんざいランチ1,204円、
ポーチドエッグと野菜のスモーブロー(スープ・ドリンク付き)833円
☎0771-75-0353　住南丹市美山町三埜東田4-2
営11:00〜16:00　休水曜　Pあり
[MAP]P86 D-2

新鮮なスナップえんどうやクレソンが目にも楽しいスモーブロー

美山の恵みが詰まった贅沢な御膳

昔ながらの囲炉裏のまわりは特等席。寒い日には店主の石橋さんが火をおこしてくれる

亀岡市
Kameoka-shi

渓谷やのどかな田園風景があり、京都市内から交通の便もよい亀岡。明智光秀ゆかりの町として注目されている。

絶景美と激流のスリルを楽しむ

保津川下りは、亀岡から京都市の嵯峨嵐山までの約16kmを船頭がこぐ船で下るもの。両岸の巨石や奇岩、山の緑など、四季折々の渓谷美を楽しめる。ゆるやかに流れるところばかりでなく激流もありスリルも味わえる。

保津川下り 乗船場（保津川遊船企業組合） 体験

- ¥ 大人4,100円、小人（4歳～小学生）2,700円［税込］要予約
- ☎ 0771-22-5846
- 住 亀岡市保津町下中島2
- 営 9:00～17:00　休 不定休　P あり
- [MAP] P86 F-2

馬車の運行時間は、トロッコ列車や保津川下りと連絡していて予約も可能

風光明媚な渓谷が楽しめる25分

嵐山から亀岡までの約7.3kmを約25分で結ぶ観光列車。季節ごとに違う保津峡の景色を眺めながら、カタコトと揺れる列車の旅を楽しめる。窓ガラスのないオープン車両「ザ・リッチ号」（5号車）に乗れば、風と光と音を肌で感じられ、気分は爽快。絶景スポットは速度を落として走行するので、写真撮影にチャレンジしよう。

トロッコ列車トロッコ亀岡駅（京都嵯峨野観光鉄道） 体験

- ¥ 大人（12歳以上）620円、小人310円（10月1日より大人630円、小人320円に変更予定）［税込］
- ☎ 075-861-7444（テレフォンサービス）
- 住 亀岡市篠町山本神田　営 9:00～17:30（運転日3/1～12/29）
- 休 水曜（祝日、春休み・GW・8月・紅葉の時期は運行）P あり　[MAP] P86 E-4

のどかな景色を楽しみながらのんびり馬車旅

京都嵯峨野観光鉄道（トロッコ列車）の終点、トロッコ亀岡駅前から保津川下り乗船場への約2.3kmを25分かけて、のんびり馬車で移動するコースがおすすめ。出発地点まで戻る周遊コース（約15分）やエサやり体験も楽しめる。

京馬車 体験

- ¥ 保津川下り乗船場コース片道1,000円、小人500円、周遊コース500円［税込］
- ☎ 0771-23-0920　住 亀岡市篠町山本地黒20-2
- 営 9:35～14:35（営業日3/1～12/29）休 水曜（GW・お盆は営業）
- P あり　[MAP] P86 E-4

旧国鉄ディーゼル機関車を用いたクラシカルな5両編成の客車で、木製椅子と裸電球を備える

亀岡市

お肉陶板焼き(冬は猪肉)、名物の「お煮物」、大黒しめじと黒とりのお鍋など8品が付く「武将めし」

建物は300坪、庭は600坪というスケールで、これまで100本を超える時代劇の撮影にも使われてきた

滋味あふれる料理を築300年の武家屋敷で

重厚感のある門構えの風格ある屋敷。日置家は、旗本津田藩の代官を務め、日置流という弓道の祖ともいわれる。明智光秀にちなんだ「武将めし」は、肉や煮物のほかに、具だくさんの味噌汁で家来をもてなした光秀の妻のエピソードから、汁ものも一品に。煮物の中で特筆すべきは、昆布と鰹のダシを愛宕山の伏流水でとり、3日かけて作る「ニンジンの炊いたん」。その自然な甘さがメインを凌ぐ名物だ。冬にはぼたん鍋で極上の時間を過ごせる。

へきてい
へき亭 和食
¥ 武将めし4,800円[税込](昼のみ)。要予約
☎ 0771-23-0889
⌂ 亀岡市千歳町毘沙門向畑40
⏰ 11:00〜14:00 17:00〜18:00(要予約)
休 木曜　P あり
[MAP] P86 E-4

アンティーク調の1階個室は、8〜10名定員

店主自らリノベートした店内は雰囲気抜群

ミニコース(ランチ)は、前菜、季節のスープ、メイン、パンorライス、デザート盛り合わせ、コーヒーor紅茶

リーズナブルでおいしい、がっつりフレンチ

「この内容でこの値段で大丈夫？」と思わず心配をしてしまう、ボリューム感・安さ・おいしさに定評がある創作フレンチ。ランチはミニコースのみで、前菜は「魚市場より鮮魚のカルパッチョ」など15種類から、メインは「牛肩ロースステーキ」など11種類から好みでセレクトできる。夜はアラカルトもあるが、お得に楽しめるコースが好評。隠れ家的なメインスペースのほかに個室もあってゆっくりできる。平日の昼は予約がベター。

びすとろ　さぼてん
BISTRO 仙人掌 フレンチ
¥ ミニコース(ランチ)1,800円
☎ 0771-22-8541
⌂ 亀岡市篠町見晴5-20-8
⏰ 11:30〜14:30(13:30LO) 18:00〜21:30(20:30LO)
休 月曜(祝日は営業)　P あり
[MAP] P86 E-4

江戸幕府が全国の大名に命じて作らせた天下普請の名残で石垣には「□」や「卍」といった刻印が残る

2019年、南郷公園に建立された明智光秀公像

天守跡近くに光秀お手植えといわれる大イチョウが現存するが、周辺は禁足地になっている

明智光秀が築城した「本能寺の変」出陣の地

　明智光秀が丹波進攻の拠点として、1577(天正5)年から築城を始めた丹波亀山城。「本能寺の変」の際はこの地から出陣したとされる。1610(慶長15)年、岡部長盛の時代に、天下普請により五重の層塔型天守、石垣とともに三重の塀が整備され、今の城下町の原型が完成した。築城にあたっては、城づくりの名手・藤堂高虎が縄張(P46参照)を務めた。明治維新の後、廃城令により解体されたが、現在の所有者である宗教法人大本の手により石垣や構造物などが修復された。

たんばかめやまじょうせき
丹波亀山城跡　見どころ

☎0771-22-5561(大本本部)　住亀岡市荒塚町内丸　営9:00～17:00(見学時は大本本部総合受付で申し込み)　休なし　Pあり　[MAP]P86 F-3　→P9、11にも関連記事

丹波亀山城の堀跡はイベントが開かれる南郷公園として整備

亀岡のあゆみを今に伝える資料館

　亀岡に残る縄文時代から現代にかけての歴史・文化に加え、これまでの亀岡のあゆみについて資料を展示公開する施設。亀岡は古代から丹波国の中心で、国府や国分寺が置かれ、源平合戦や足利尊氏の挙兵、明智光秀の本能寺への出陣、幕末など歴史の変換点に関わっていたことがわかる。丹波亀山城跡とセットで立ち寄りたい。

かめおかしぶんかしりょうかん
亀岡市文化資料館　見どころ

¥常設展大人210円[税込]　☎0771-22-0599　住亀岡市古世町中内坪1　営9:00～17:00(最終受付・6:30)　休月曜(祝日の場合は翌日も休)　Pあり　[MAP]P86 F-3

丹波亀山城の写真、当時の城の鯱瓦なども展示されていて興味深い

COLUMN
駒札を探してみよう！

城下町に61あるよ

　かつて亀岡は丹波亀山と呼ばれ、明智光秀が築いた丹波亀山城を中心に城下町が作られた。当時の面影を伝えようと、名所や旧跡に説明を書いた駒札が設置されている。

　内堀、外堀、惣堀の三重のお堀と御土居で守られ、5つの城門があった丹波亀山城。丹波、丹後、山陰地方と京都を結ぶ山陰道には、大名などが宿泊する本陣があり、旅籠が建ち並んで賑わっていたであろう。そんな様子を想像するのも楽しい。

亀岡市

月替わりスープが人気の一軒屋フレンチ

閑静な住宅街にあるフレンチレストラン。地元の食材を駆使して、昼夜ともに季節を感じられるコース料理を提供している。大切にしているのは、あっさりしているのに深いコクがあるソース作り。特産品の黒豆や菊芋、そしてトウモロコシなどを具材にした月替わりスープが美味で、これを目あてに訪れるお客さんも多い。

French Once More フレンチ
ふれんち わんす もあ

¥ディナーコース5,000円（要予約）
☎0771-25-6014　住亀岡市南つつじヶ丘桜台2-12-6
営11:30～14:00LO、17:30～21:00　休第1・3木曜　Pあり　[MAP] P86 E-4

ディナーコースのメインディッシュの一例

季節の花が咲くメルヘンチックなアプローチを抜けてお店へ

名物パン

注文が入ってから具材を挟みできたてをいただける

地元の食材が主役

亀岡牛、京丹波高原豚、美山牛乳など地元の逸品が集結。おかず系おやつ系など10種類以上。1家族8個まで購入可能。

カメオカハサムコッペパン

¥亀岡牛コロッケ220円、京丹波高原豚の角煮320円、美山牛乳を使ったミルククリーム180円[税込]　☎0771-25-5218
住亀岡市安町中島167　営9:30～15:00（売切れ次第閉店）　休日・祝日・月曜
Pあり1台　[MAP] P86 E-3

国産米粉のバンズを使用。特選高級豆のコーヒーと

賞レースの王者の味

西日本ハンバーガー協会で3年連続受賞したグランプリバーガー。カマンベールチーズと黒毛和牛入りのパテの相性が抜群。

京都ダイコクバーガー
きょうとだいこくばーがー

¥グランプリバーガー800円、スペシャルコーヒー320円、切りたてポテトS270円[税込]
☎0771-22-9408　住亀岡市北古世町1丁目12-2　営11:00～20:00　休なし
Pあり　[MAP] P86 F-3

国産うなぎを絶妙な焼き加減と特製タレで味わう

三河地方を中心に、鹿児島などその時々の良質な国産うなぎを備長炭で焼く。初めは強火でパリッと、その後はじっくり焼いてふっくらやわらかく、熟練の職人技だ。「うな重」は、亀岡の秀逸米で炊いたごはんに、アツアツのうなぎ、うなぎの脂が加わってコクが出た追い足しのタレ、そして山椒のピリッとした刺激がたまらない。

うなぎ専門店 うな一 和食
うなぎせんもんてん　うないち

¥特上重3,000円　☎0771-24-2245
住亀岡市下矢田町君塚17-6
営11:00～14:00、17:00～20:00
休水曜（祝日は営業）　Pあり　[MAP] P86 E-4

「うな重」のほかに「うな丼」や鍋も。テイクアウトにも対応している

山芋・うずら入りの「季楽そば」も人気

地域で手がけた手打ちそばを提供

標高400mに位置する犬甘野地区は寒暖の差が大きく、そばの栽培に適した地域。自家栽培、自家製粉のそば粉で打った麺「犬甘野そば」を求めて、京阪神から多くのお客さんが訪れる。二八の「手打ざるそば」は細平麺でのど越しのよさと香りの高さが特長だ。

犬甘野営農組合直売所 季楽
いぬかんのえいのうくみあいちょくばいしょ　きら

麺 買い物

¥手打ざるそば（並）840円、季楽そば740円、ざるそば（並）550円　☎0771-27-2300　住亀岡市西別院町犬甘野樋ノ口1-2　営10:00～16:00（直売所9:00～17:00）
休木曜　Pあり　[MAP] P86 D-4

4:6の割合の「ざるそば」

毎月第4日曜14時から「えんむすびまつり」が開かれる

「男女の縁だけでなく、人と人、人とモノの縁も結びます」と岩田昌憲宮司

三間社流造りの社殿は鎌倉時代のもので重要文化財。1345(貞和元)年に足利尊氏により修造

山々のパワーがみなぎる日本一の縁結びの神

丹波國一ノ宮で、「元出雲」と呼ばれる縁結びの神社。国譲りの神、大国主命とそのお后様三穂津姫命を祀り、縁結び、金運、長寿のご利益があるとされる。背後にそびえる山はご神体山で、本殿裏から湧くご神水「真名井の水」や鎮守の杜に鎮座する「磐座(いわくら)」からパワーをもらえそう。縁結びの御守につけられた赤い糸を「夫婦岩」に結んで、縁結びを祈願しよう。境内にちりばめられた猪目(ハート)の文様を探すのも楽しい。

いずもだいじんぐう
出雲大神宮 寺社

¥お守り1,000円、絵馬500円 ☎0771-24-7799 住亀岡市千歳町千歳出雲
営社務所9:00〜17:00 休なし Ｐあり [MAP]P86 E-4

絶え間なく湧き出る天下の名水、「真名井の水」は持ち帰り可能

平安神宮に次いで京都府内で2番めに大きい鳥居

里人が五穀豊穣を祈った由緒ある神社

人々が、現在の社殿の裏にある土盛りで五穀豊穣を祈ったのが3000年前のことだとされている。のちに大和朝廷の時代、709(和銅2)年に社殿を建てたのが神社の起こり。また、古事記の編さんを行った稗田阿礼が住んでいたという伝説も残る。

ひえだのじんじゃ
稗田野神社 寺社

☎0771-22-4549 住亀岡市稗田野町佐伯垣内亦1
休なし Ｐあり [MAP]P86 D-4

薄味の山菜ととろろは混ぜてぶっかけにしてもつけても美味

庭が眺められる座敷席と土間部分のテーブル席を合わせ全40席ある

丁寧に自家製粉した十割そばに舌鼓

出雲大神宮の朱の鳥居脇にあるそば処。82歳になる店主、斉藤博延さんはこの地に店を開いて23年。石臼で細かく挽いたそば粉に、出雲大神宮の「真名井の水」と同じ地下水を加えて十割そばを打っている。独特のもっちりした食感と香りの高さ。熟練の腕が生む旨みを感じさせる。

いずもあん
出雲庵 麺

¥とろろ山菜1,350円[税込]
☎0771-25-2114 住亀岡市千歳町千歳
営11:00〜16:00(売り切れ次第閉店)
休木曜 Ｐあり [MAP]P86 E-4

亀岡市

丹波の四季を楽しめる多彩な料理が魅力

昭和初期創業の老舗食事処。丹波の旬の素材を使って季節料理を提供する。特に、松茸狩りとすき焼きか鱧しゃぶがセットになった「松茸狩りコース」は名物。リーズナブルな弁当から、会席料理、鍋料理まで、多彩にそろう。予算や好みによって便利に使えるのがうれしい。

庭園さじき席のある「喜楽亭」でゆっくり食事できる

宮本屋 （みやもとや） 和食

¥松茸狩りコース28,000円、光秀弁当2,910円[税込] ☎0771-22-0635 住亀岡市薭田野町佐伯大日堂32 営11:30～14:30（土日・祝日は～15:00）、17:00～19:30（お座敷は～22:00） 休木曜（祝日は営業） Pあり [MAP] P86 D-4

お造り、炊き合わせなど7品を楽しめる「光秀弁当」

野菜たっぷりで体にやさしい料理

心づくしの家庭薬膳料理で体の中から健康に

地元産の新鮮な野菜をたっぷり使った四季折々のメニュー。敷地内にある薬草の庭園から摘んだ薬草も料理に華を添える。厨房でいきいきと腕をふるうのは、地元のお母さんたち。季節ごとに変化する体に合わせて、薬膳の知識を生かしたメニューを提供する。食事に添えられた薬膳解説書も訪れる楽しみのひとつ。体に元気の元がしみ入るようだ。

お家薬膳 忘れな （おうちやくぜん わすれな） 和食

¥季節の薬膳御膳1,350円 ☎0771-56-8807 住亀岡市宮前町神前長野15 営カフェ10:00～16:00（15:30LO）、ランチ11:00～14:00（13:30LO） 休月・火・水曜、祝日 Pあり [MAP] P86 D-4

おすすめお土産3選

甘味や限定品など多彩なお菓子

発売以来のロングセラー、京都産の米と丹波産の黒豆を使ったおかき「丹波亀山焼」をはじめ、約100アイテムを誇る。ハート型せんべいを個包装した「心結び」が女子ウケ。最中、どらやきなどの甘味も併設工房で手作りする。

保津川あられ本舗 霰館工場直売店 （ほづがわあられほんぽ あられかんこうじょうちょくばいてん）

¥丹波亀山焼（サラダ・醤油・素焼き）各500円、心結び（70g）500円 ☎0771-22-7780 住亀岡市大井町並河3-11-45 営9:00～18:00 休なし Pあり [MAP] P86 D-4

豊かな自然の中で酒造り300年

自然発酵を生かした「生酛仕込み」をベースに、丹波杜氏の技が光る手づくりの地酒。3つの蔵では無料見学や茶房、きき酒が楽しめる。地元の特産品や日本酒化粧品はお土産に。好みの瓶が選べる秘蔵酒等の量り売りも好評だ。

大石酒造 （おおいししゅぞう）

¥美山 てんごり（720ml）1,296円、翁鶴 純米大吟醸（720ml）3,519円、翁鶴 生酛純米酒（720ml）2,500円 ☎0771-22-0632 住亀岡市薭田野町佐伯垣内赤13 営8:30～18:00（本蔵と酒喜庵は17:00まで）酒蔵見学8:30～17:00（入場は16:30まで） 休なし Pあり [MAP] P86 D-4 →P13、25にも関連記事

自社栽培の山田錦を酒米に

1872（明治5）年創業の造り酒屋。すっきり淡麗の飲み口が特長の主要銘柄「丹山」をはじめ、約30銘柄を扱う。大吟醸と純米吟醸は、自社で有機栽培する亀岡産の山田錦を使う。「JAPON」と「飯櫃」は紅白で祝い事にもぴったり。

丹山酒造 （たんざんしゅぞう）

¥渚大吟醸（500ml）3,000円、しぼったそのまま（720ml）1,700円、飯櫃（500ml）1,200円、あまざけ（900ml）1,000円 ☎0771-22-0066 住亀岡市横町7 営9:00～18:00 休なし Pあり [MAP] P86 F-3 →P25にも関連記事

まるで、おとぎの国にまぎれこんだかのよう！

亀岡の山の中にありながら、英国の湖水地方を思わせる村にはB&Bや教会もあり、宿泊や結婚式にも対応。牧歌的な風景の中にあるティールームレストランでは、本格的な英国スタイルの料理やアフタヌーンティーを提供。愛犬とテラス席で食事を楽しむこともできる。フィッシュアンドチップスのフリットはビールが入ってふんわり、特注のノンコレステロール油でヘルシーにカラリと揚げている。

（どぅりむとん　うぃれっじ　ぽんとおーく　てぃーるーむ　れすとらん）
DREAMTON VILLAGE PONT-OAK Tearoom Restaurant
洋食 スイーツ

¥アフタヌーンティー2,100円、フィッシュアンドチップス1,980円　☎0771-27-3004
住亀岡市西別院町柚原水汲12　営11:00〜16:00（食事14:00LO　ドリンク15:00LO）
［土日・祝日］10:30〜20:00（19:00LO）　休なし　Pあり　[MAP]P86 D-4

落ち着いた店内で優雅にアフタヌーンティーを楽しめる

カフェ

亀岡で感じるハワイの風

建築の仕事をしていたマスターが第二の人生の舞台として、いつでも憧れのハワイを感じられるように、自ら設計し建てた店。ハワイの有名店と同じ味のパンケーキ、アサイーボウル、HONUの絵を施したコーヒー等、ハワイ感満載のメニューがそろっている。

（はわいあん　かふぇ　ほぬ）
Hawaiian Cafe HONU

¥パンケーキ950円、アサイーボウル800円、HONUコーヒー500円[税込]　☎090-1581-5394　住亀岡市追分町ハノ坪26-14　営11:00〜16:00(LO)［土日・祝日］9:00〜16:00(LO)冬期営業時間変更あり　休月曜　Pあり　[MAP]P86 E-2

ユーモアをプラスしたスイーツ

亀岡で33年続く人気店。ケーキやパンケーキ、パフェなどスイーツメニューが豊富。かわいらしさ満点のシロノワンコは、温かいパンケーキの上に、アイスとたっぷりのホイップクリームでワンコの形に。パスタやピザ、サラダなどの食事メニューも充実。

（ぽぽ　くらぶ）
POPO CLUB

¥シロノワンコ500円　☎0771-22-0777　住亀岡市千代川町小林北ノ田57-3　営11:00〜21:00（食事20:00LO　喫茶20:30LO）（月曜は17:00まで16:30LO）冬期営業時間変更あり　休火曜　Pあり　[MAP]P86 D-4　→P13にも関連記事

絶品ローストビーフを堪能

ステーキの名店が経営するカフェ。良質の国産牛を使用し、2時間じっくり火を通して旨みを閉じ込めたローストビーフはやわらかくて肉汁たっぷり。スイーツも充実し、特にデザートプレートは女性に人気。のどかな田園風景を眺めながらゆったり過ごせる。

（かふぇ　ど　まざーず）
Café de MOTHERS

¥国産牛のローストビーフ丼1,000円〜、デザートプレート800円　☎0771-23-4447　住亀岡市薭田野町佐伯西ノ辻31　営11:00〜17:00　休日曜　Pあり　[MAP]P86 D-4

話好きで気さくなマスターと奥さんとの会話を楽しみに来るお客さんも多い

パンケーキの上のわんこがかわいいシロノワンコ

ローストビーフ丼メガサイズはお肉150gでボリューム満点！デザートプレートのケーキは日替わり

定番 見どころ

室町後期に再建された三重塔は国の重要文化財

春は若葉、秋は紅葉が美しい古刹

　平安時代初頭に開かれ、白河天皇が中興したと伝えられる寺。重要文化財の三重の塔をはじめ多くの文化財があり、鎌倉時代の名仏師、快慶の手による深沙大将立像が知られる。霊木「千年榧」は京都屈指の巨木で、寺では「福徳長寿の樹」と呼んでいる。紅葉が有名だが、若葉や新緑、雪景色と季節ごとの景色が美しい。

こんごういん
金剛院　寺社

- ¥ 入山料300円、宝物殿拝観500円（要予約）[税込]
- ☎ 0773-62-1180　住 舞鶴市鹿原595
- 🕘 9:00〜16:00　P あり
- [MAP] P119 C-2

関西花の寺3番札所としても知られる

日本海に沈む夕日の絶景スポット

　海抜300mの五老ケ岳山頂にある五老ケ岳公園からの展望は抜群。美しいリアス式の海岸線と400m級の山々が見え、日が沈む時間帯にはあたり一面美しい色に染まる。舞鶴湾は湾の入り口が約700mと狭いため、天然の良港として旧海軍の鎮守府が置かれた。そんな地形がよくわかるスポットだ。

ごろうがだけこうえん
五老ケ岳公園　見どころ

- 住 舞鶴市字上安　[MAP] P119 B-2

往時の雰囲気を今に伝える官舎

東郷平八郎が住んだ官舎跡

　舞鶴鎮守府初代司令長官、東郷平八郎が2年間過ごした司令長官官舎。木造平屋建ての一部が洋館になっており、和洋折衷のモダンな空間が海軍らしい。1945（昭和20）年の終戦まで歴代の司令長官が住んでいた。現在は舞鶴地方総監部会議所として、海上自衛隊が管理し、月1回の公開日がある。

とうごうてい
東郷邸　見どころ

- ☎ 0773-62-2250（海上自衛隊舞鶴地方総監部 広報課）
- 住 舞鶴市余部下1200　🕘 毎月第1日曜、10:00〜15:00　P あり
- [MAP] P119 B-2

東郷平八郎が好んだ栗饅頭

　1857（安政4）年創業の老舗。昔ながらの技法で丁寧に作る和菓子が地元で愛されている。厳選した小豆を使ったあんこは全て自家製で、中でもかのこ羊羹を羽二重餅で包んだ「雫」は小豆の旨みがダイレクトに感じられる。東郷平八郎が好んで食べたという、栗と自家製白あん入りの栗饅頭もお土産にぴったり。

ゆうかんどう
勇貫堂　スイーツ

- ¥ 雫170円、栗饅頭160円
- ☎ 0773-62-0021　住 舞鶴市字浜348
- 🕘 9:00〜19:00　休 火曜　P なし
- [MAP] P119 C-4

雫（左）、栗饅頭（右）。どちらも昔ながらの製法で作る

舞鶴市

レトロな建物で味わう伝統のロールケーキ

舞鶴赤れんがパークにあるカフェ。1908(明治41)年発行の『海軍割烹術参考書』にジャムロール、スポンジケーキとして掲載されているレシピで作る、老舗和菓子店東月堂の海軍ロールが食べられる。きめ細かくしっとりやわらかいスポンジに、クリームとともに巻き込んだイチゴジャムの甘さが特徴だ。

cafe jazz (かふぇ じゃず) カフェ

- ¥ 海軍ロールケーキ350円(ドリンクセット700円)[税込]
- ☎ 0773-63-7177
- 住 舞鶴赤れんがパーク舞鶴市政記念館1F
- 営 10:00〜19:00(食事は15:00LO)
- 休 月1回月曜　P あり　[MAP]P119 B-4

海軍割烹術参考書 500円

海軍ロールケーキ

近代化の軌跡を今に伝える赤れんが倉庫群

1901(明治34)年に舞鶴鎮守府が設置され、海軍の施設が数多く建築された。当時の赤れんが倉庫がそのままの姿で残り、資料館や土産物店などに活用、観光の拠点として多くの人が訪れる。12棟のうち8棟は国の重要文化財。

舞鶴赤れんがパーク (まいづるあかれんがぱーく) 見どころ

- ☎ 0773-66-1096　住 舞鶴市北吸1039-2　営 9:00〜17:00　休 12月29日〜1月1日　P あり
- [MAP]P119 B-4

引き揚げの歴史を伝える

終戦後、国外に残された日本人の引き揚げ港のひとつに舞鶴港が指定され、1945(昭和20)年から1958(昭和33)年までに約66万人もの軍人・軍属・民間人らを迎え入れた。舞鶴の人は食糧難の中、お茶やふかし芋で引き揚げ者を慰労した。苦難に満ちた引き揚げの歴史とシベリア抑留の資料を収蔵、展示し、館内には語り部も常駐。所蔵資料の一部はユネスコ世界記憶遺産に登録。

引揚記念館 (ひきあげきねんかん) 見どころ
※第二次世界大戦集結時、国外に残された日本人が帰国したことを引き揚げという。

- ¥ 一般300円(2020年4月より400円)、学生150円[税込]　☎ 0773-68-0836
- 住 舞鶴市平1584　営 9:00〜17:00(最終入館16:30)　休 第3木曜(8月を除く)、12月29日〜1月1日　P あり　[MAP]P119 B-1

戦地での無事を祈った千人針の腹巻

抑留中、白樺の皮に煙突の煤で綴った和歌

関連スポット　引揚桟橋

主に旧満州、朝鮮半島、旧ソ連からの引揚者が降り立った桟橋を復元。
- 住 引揚記念館より1.2km
- [MAP]P119 B-1

海上自衛隊の艦船を間近に見よう

国道27号沿いから見える自衛隊桟橋には、護衛艦や補給艦などが停泊。一般公開時には桟橋から間近に艦船を見ることができ、その大きさや頑丈なつくりに圧倒される。海上自衛隊の基地内なので、訓練の都合で予定が変わることがあり、事前確認がおすすめ。

自衛隊桟橋 (じえいたいさんばし) 見どころ

- ☎ 0773-62-2250(海上自衛隊地方総監部 広報課)　住 舞鶴市余部下1190
- 営 土日・祝日の10:00〜15:00に一般公開
- P あり(海軍記念館または赤れんがパークの駐車場)
- [MAP]P119 B-2

COLUMN

舞鶴市の中心部を東西に走る道の名前は、八島、敷島、朝日、初瀬、三笠。実はこれ、軍艦の名前。少し離れた場所には、巡洋艦の吾妻、出雲、浪速を冠した通りもあり、かつて軍港として栄えた歴史を伝えるとして、「日本遺産構成文化財」となっている。

旧海軍が利用した建物で海軍レシピを再現

かつて旧海軍・舞鶴鎮守府の士官らが利用していた料理旅館。閉館後、2018年に隣接するホテルアマービレのレストランとして復活。能舞台がある広間、2階の個室、日本庭園など、随所に贅を尽くした往時の雰囲気が感じられる。料理は『海軍割烹術参考書』を再現した洋食が中心。「海軍カレイライス」は英国式で辛さは控えめ、麦ごはんにルウをかけてフォークで食べるのがマナーとされた。海軍では、体力をつけるために必ず牛乳が添えられていたため、同館でもこれにならっている。

男所帯の海軍では、具はごろんと大きく噛み応えを出した。海軍のロゴが入った皿にも注目

『海賊とよばれた男』『日本のいちばん長い日』などのロケ地でもある

1904（明治37）年創業当時の面影が残る外観

松栄館　見どころ　洋食
しょうえいかん

- ¥ 海軍カレイライスセット900円、コンソメスープ500円、海軍肉じゃが500円[税込]
- ☎ 0773-65-5007
- 🏠 舞鶴市浜18
- 🕐 11:30〜14:30(14:00LO)、17:30〜21:30(21:00LO)
- 休 なし　P あり　[MAP]P119 C-3

胡麻油の風味が効いた肉じゃが

はじめはそのまま、次にシェリー酒、さらにマデラワインを足して

カウンターと座敷で日本海の幸をふるまう

料理人の技で新鮮な魚を心ゆくまで

1970（昭和45）年創業、当時の松栄館で腕をふるっていた初代が独立開業した。今は2代目と3代目がその味を受け継いでいる。地元でしか流通しない希少な穴子を継ぎ足しのたれで濃厚に味付けた穴子めしに、だしがしみた肉じゃがのセットは絶妙な味わい。造りや一夜干しなどの魚料理に加えて、冬場にはカニ料理が登場する。

割烹・京料理 松きち　和食
かっぽう　きょうりょうり　まつきち

- ¥ 穴子めしセット2,200円、へしこの刺し身1,450円
- ☎ 0773-63-3595
- 🏠 舞鶴市浜150
- 🕐 11:30〜14:00、17:30〜21:00
- 休 不定休　P あり　[MAP]P119 C-3

きゅうり、人参、長芋をへしこで巻いて食べる

ひと皿ごとにセンスが光る日本料理

飛騨高山の高級旅館で料理長を務め、子どもの頃に過ごした舞鶴に戻って2014年に店を開いた大将。見事な目利きで旬の食材を組み合わせ、見た目にも美しい割烹料理に仕上げる。ゆっくりお酒を飲みながらコース料理をいただきたい。

京都舞鶴 ARIYOSHI　和食
きょうとまいづる　ありよし

- ¥ おまかせコース6,000円〜
- ☎ 0773-77-5205
- 🏠 舞鶴市桃山町4-2 ウィズビル2階
- 🕐 18:00〜22:00(完全予約制)※料理は一斉スタート
- 休 不定休　P あり　[MAP]P119 C-4

鬼おろしでおろしたざくざくした食感の大根と車エビとの組み合わせに舌鼓

カツオを、ポン酢のあんとトマトピューレを加えた梅肉ソースで

カマス、夏ゴボウ、新生姜。2杯目はだし茶漬けで

舞鶴市

舞鶴湾を望むフレンチレストラン

ランチは3種のコースがあり、ランチコースCはシェフのおまかせでメインは「本日の肉料理」。牛ヒレ肉のソテーは、フォン・ド・ボーにたっぷりのマッシュルームを加えて煮込んだソースで、まろやかなコクを出し、やわらかいヒレ肉を包み込む。料理の内容は季節ごとに変わる。

ほのぼの屋　フレンチ

- ￥ランチコースC 4,200円　☎0773-66-7711
- 住舞鶴市字大波下小字滝ヶ浦202-56　営11:00〜15:00(13:00LO)、18:00〜21:00(19:00LO)※夜は完全予約制、ランチも予約がベター
- 休水曜、第1・3・5火曜　Pあり　[MAP]P119 C-1

季節のスープ、魚料理、肉料理からデザートまで続くランチコース

やわらかい牛ヒレ肉は旨みがあふれ出る

吹き抜けの広々とした店内。2階は落ち着いた雰囲気

舞鶴の自然の恵みを楽しむフレンチ

1998年にオープンしたフレンチレストラン。舞鶴出身のシェフが、四季折々に地元の山海の幸をふんだんに使った料理を作る。すべての素材が引き立つように控えめな味を心がけた料理の数々は、見た目の美しさとともに満足感たっぷり。昼夜ともに予約制で、ゆっくりできる。

レストラン タケウチ　フレンチ

- ￥ランチ3,300円　☎0773-62-4510　住舞鶴市浜254
- 営12:00〜13:30(LO)、18:00〜(ランチ、ディナーとも完全予約制)
- 休不定休　Pあり　[MAP]P119 C-4

予約は3組までで、6名以上で貸切になる

銘菓ブリックをコーヒーとともに

欧風のシックな雰囲気の店内で、コーヒーとスイーツが楽しめる。香り高いソフトエスプレッソや各種ストレートコーヒーは一杯ずつ丁寧に淹れ、ケーキは手作り。舞鶴を象徴するレンガに見立てたパウンドケーキ「ブリック」は見た目よりあっさりして、キャラメルとイチジクのつぶつぶ感がアクセントに。

香り高いエスプレッソのほのかな苦みとブリックのほどよい甘みがよく合う

箱入りブリック(上)、季節のケーキを中心にスイーツも並ぶ(下)

煉瓦屋　スイーツ カフェ

- ￥ソフトエスプレッソ480円、ブリック/カット140円、箱1,300円[税込]　☎0773-64-4864
- 住舞鶴市浜町9-10　営9:00〜19:00　休なし
- Pあり　[MAP]P119 C-4

量り売り以外にカットステーキやローストビーフ、ラムチョップステーキなども

ダイナミックな肉と地ビールを堪能

3種類の肉は目の前でカットする量り売り。リブロースステーキは赤身と脂身のバランスがよく、しっかりとした食べ応えだ。サーロインステーキは上質なものがリーズナブルな価格。ヒレステーキはやわらかく脂身が少ないので、年配者にも食べやすい。20種類以上あるクラフトビールは日替わりで4種類がラインナップ。ステーキともちろん好相性。

NICK BEER　ステーキ

- ￥NICKリブロースステーキ1g 6.3円
- ☎0773-60-4965　住舞鶴市浜620
- 営17:00〜24:00(23:30LO)
- 休火曜　Pなし
- [MAP]P119 C-4

100g以上から好みの量の肉を注文できる

細川家が治めた城を復元

別名舞鶴城といい、市名の由来となった。細川幽斎が築き、後に息子の忠興が治めた。幽斎は優れた文人で『古今和歌集』の秘事口伝の伝承者でもあった。関ヶ原の戦いの2カ月前、その前哨戦として石田三成方の大軍が田辺城を攻めた際、籠城した幽斎を師と仰ぐ敵方も多く、城を落とすことにためらいがあった。そこへ幽斎の討ち死にを憂えた天皇の勅命が届き、講和となった。資料館でそんな歴史を再確認しよう。

再建された城門

細川氏時代のものとされる田辺城の天守台の石垣

田辺城 見どころ
たなべじょう

- 大人200円、小学生〜大学生100円[税込]
- 0773-76-7211
- 舞鶴市字南田辺15-22
- 9:00〜17:00
- 月曜(祝日は営業、翌々日休)、祝日の翌日
- なし [MAP]P119 A-4

展望室から舞鶴国際ふ頭(みずなぎふ頭)を見下ろす

近畿百景第1位に選ばれた絶景

舞鶴の東と西地区の境に位置する五老ヶ岳。その山頂にある自然公園、五老ヶ岳公園にあるタワーから、リアス式海岸の舞鶴湾と舞鶴市内が一望できる。季節によっては早朝に雲海が見え、夕日、星空、それぞれに美しい絶景スポットでもある。展望室は360度大パノラマが広がり、カフェでは「まいづる海自カレー」やスイーツが味わえる。

五老スカイタワー 見どころ
ごろうすかいたわー

- 大人200円、小人100円[税込]
- 0773-66-2582
- 舞鶴市上安237
- 9:00〜19:00、[土日・祝日]21:00まで、[12月〜3月]9:00〜17:00※入館は閉館の30分前まで
- なし あり [MAP]P119 B-2

話題の発酵食品、麹専門店

寛永年間に大阪から舞鶴に移って商いを始め、現在10代目となる麹専門店。国産米と地下天然水を使った昔ながらの製法に最新技術を取り入れ、舞鶴の気候風土が良質の麹を生み出す。地元の人はこの麹で甘酒を作る。100%米麹の生甘酒に生クリームを加えた自家製甘酒アイスクリームは、クリーミーな舌触りで濃厚な旨み。

大阪屋こうじ店 買い物
おおさかやこうじてん

- 甘酒アイスクリーム410円[税込]
- 0773-75-0550
- 舞鶴市堀上68
- 9:00〜18:00
- 日曜、祝日※冬期は無休 あり
- [MAP]P119 A-4

麹、甘酒、味噌など、自家製の麹を使った商品が並ぶ

舞鶴市

新鮮さがダイレクトに伝わる旬の魚料理

昭和初期から営業を続ける鮮魚店の直営。その日舞鶴であがった一番の魚が並ぶ。ランチでは「海鮮丼」と「お造り定食」が人気を二分。生ものはもちろん、焼き魚や煮魚の種類が多いのも鮮魚店直営ならではだ。メジャーどころを押さえた日本酒は、100銘柄ほどがそろう。

6〜7種類の刺身が豪快に盛りつけられた海鮮丼

とどげん
魚源 和食

¥海鮮丼(並)1,480円、お造り定食1,800円 ☎0773-77-5534 住舞鶴市引土263-18
営11:00〜14:00、17:00〜23:00(22:00LO) 休火曜 Pあり [MAP]P119 A-4

1人前とは思えないほどの量に驚くお造り定食

港町の雰囲気あふれる海鮮居酒屋

京都・丹後地方の郷土料理、丹後ばら寿司は、甘辛く煮たサバで作るそぼろが特徴。漁師小屋でも自家製そぼろが味の決め手だ。居心地のいい店内で季節の海鮮が楽しめ、手のひらほどの大きさがある超特大の舞鶴岩がきや丹後とり貝など、舞鶴の旬の味をダイナミックに満喫できる。

掘りごたつ式の長いカウンター席が人気

まいづるこう　りょうしごや
舞鶴港 漁師小屋 和食

¥丹後ばら寿司680円、お造り盛り合わせ1人前980円〜 ☎090-9285-5422 住舞鶴市本56 営17:30〜翌1:00(24:00LO)、[土・日・祝日]ランチ営業あり。11:00〜15:30(15:00LO) 休火曜 Pあり [MAP]P119 A-4

ボリュームたっぷりのお造りなど、豪快な海の幸が並ぶ

とろとろの牛肉とふわふわ卵がマッチ。一味をかけてもおいしい

舞鶴ご当地メニュー、肉じゃがのオムライス

東郷平八郎がイギリスでビーフシチューを食し、それを再現させたところ、できたのが肉じゃがだったという話が残る。脂が多めの赤身の牛肉と砂糖を同時に入れ、肉をよく炒めて砂糖を焦がすという海軍のレシピ通りの肉じゃがをつぶして作るソースは甘めでしっかりとした味。ふわふわ卵とのハーモニーは絶妙だ。

奥行きのある空間。カフェ閉店後はバーがオープン

ふぉれすと
FOREST カフェ

¥肉じゃがオムライス880円[税込]
☎0773-75-3187 住舞鶴市引土17-3
営7:30〜17:00(16:00LO) 休水曜 Pあり
[MAP]P119 A-4

海自直伝のレシピと牛骨カレーのコラボで生まれた「ましゅうの牛すじカレー」

海自オリジナルカレーを食べ歩き

海上自衛隊のオリジナルレシピで作る「まいづる海自カレー」。市内11店舗(2019年度)で、食べ歩きのスタンプラリーを実施している。ここでは、艦艇「ましゅう」のレシピから、「ましゅうの牛すじカレー」を提供。牛骨でとったスープをベースに、とろとろの牛すじが味を引き立てる。うどんかそばがつく海軍セットも人気。

ぼんぐ
凡愚 その他(カレー)

¥ましゅうの牛すじカレー910円 ☎0773-77-1490
住舞鶴市北田辺170-7 営11:00〜21:30(21:00LO)、
[金・土曜・祝前日]11:00〜22:30(22:00LO)
休なし Pあり [MAP]P119 A-4

ゆったりした店内。手打ちうどんやお造り、定食がそろう

丹波の蕎麦処 たかはし … 83	Café Bar & Live お城の下で … 88	トロッコ列車 トロッコ亀岡駅 … 112
丹波竜化石工房 ちーたんの館 … 76	菓歩菓歩 … 104	**な** なごみの里 あさひ … 23
辻よし … 83	亀岡観光案内所 … 13	肉山田肉男 … 90
手づくり豚まんの店 吉吉 … 83	亀岡市文化資料館 … 114	NICK BEER … 123
terra dono … 81	カメオカハサムコッペパン … 115	日本料理 一ゑん … 90
てらミート … 76	川見風月堂 … 93	**は** Hawaiian Cafe HONU … 118
徳寿園 … 84	神尾山城跡(金輪寺) … 9.11	pandozo cafe … 105
な 中島大祥堂 丹波本店 … 70	私市円山古墳公園 … 96	薭田野神社 … 116
西山酒造場 … 25.84	ギャラリーカフェ 道の途中 … 107	引揚記念館・引揚桟橋 … 121
は BBQ&BURGER BP … 71	旧質美小学校 … 105	BISTRO 仙人掌 … 113
八幡山城跡(柏原八幡宮) … 9.12	京都ダイコクバーガー … 115	ひよしフォレストリゾート 山の家 … 107
パティスリーカフェ・カタシマ … 73	京都美山さいふぉん亭 … 111	FOREST … 125
パンの蔵 穂音 … 71	京都るり渓温泉 for REST RESORT … 21.106	福知山温泉 … 94
ひかみ四季彩館 … 23	京馬車 … 112	福知山観光案内所 … 13
ひとたね パン工房 … 79	京都舞鶴 ARIYOSHI … 122	福知山城 … 9.10.88
白毫寺 … 77	玉雲寺 … 9.10	ふるるマーケット … 23
婦木農場 … 69	goodies … 99	Book & Café MOZICA … 89
蓬菜の郷 … 23	九手神社 … 103	French Once More … 115
ま まさゆめさかゆめ … 73	雲原 大江山 鬼そば屋 … 95	へき亭 … 113
道の駅 丹波おばあちゃんの里 … 23.84	グンゼ博物苑 … 96	保津川あられ本舗 霞舘工場直売店 … 117
三津屋 妹尾 … 83	GET ME TO THE CHURCH … 97	保津川下り 乗船場 … 112
水分れ公園・資料館 … 80	光明寺 二王門 … 9.10.101	ホテルロイヤルヒル福知山&スパ … 20.95
無鹿リゾート … 69	KOKU … 100	ほのぼの屋 … 123
や 焼肉いっちゃん … 79	谷性寺 … 9.11	POPO CLUB … 13.118
山名酒造 … 25.84	琴滝 … 102	凡愚 … 125
ヤマネベーカリー … 82	古民家食処 美・火水 … 108	**ま** 舞鶴港 漁師小屋 … 125
夢の里やながわ … 84	古民家の宿 ふるま家 … 95	舞鶴赤れんがパーク … 121
よしだ屋 … 71	御霊神社 … 9.10	まいまい堂 … 89
よし宗 … 71	五老ヶ岳公園 … 120	町家ダイニング ゆらり広小路 … 99
ら ル・クロ丹波邸 … 70	五老スカイタワー … 124	丸岡城跡(西岸寺) … 9.11
LOCASSE TAMBA … 82	金剛院 … 120	みずいろぱん … 89
ロカッセカフェ … 82	**さ** サイクルシーズ … 110	道の駅 スプリングひよし … 23
	彩菜館 東舞鶴店 … 23	道の駅 京丹波味夢の里 … 23.102
福知山・綾部・京丹波・南丹・亀岡・舞鶴エリア	里の駅みたけ … 23	道の駅 丹波マーケス … 103
	里山の休日・京都・烟河 … 20	道の駅 和 … 23.103
あ 揚げパン専門店 agebunbun … 13.89	サンクミッシュ … 101	道の駅 農匠の郷やくの 高原市 … 23
足立音衛門 … 93	自衛隊桟橋 … 121	道の駅 舞鶴港とれとれセンター … 23
綾茶cafe … 97	質志鍾乳洞 … 102	道の駅 美山ふれあい広場 ふらっと美山 … 23.109
あやべ温泉 二王館 … 21.99	篠村八幡宮 … 9.11	美山民俗資料館 … 109
あやべ特産館 … 23.97	旬季庵 … 111	宮本屋 … 117
綾部バラ園 … 96	旬菜厨房minato … 91	明隆寺観音堂 … 103
綾部ふれあい牧場 … 99	純和風料理旅館 現長 … 26.98	三和荘 … 95
鮎茶屋 料理旅館 角屋 … 104	松栄館 … 122	盲亀浮木 … 105
いこいの村・たからの里 … 100	松園荘 保津川亭 … 20	元伊勢天岩戸神社 … 94
出雲庵 … 116	スイーツカフェ パステル … 93	元伊勢外宮豊受大神社 … 94
出雲大神宮 … 116	すみや亀峰菴 … 26	元伊勢内宮皇大神社 … 94
いっぷくせんべい半月庵 … 98	千手寺砦跡(千手寺) … 9.11	MoMo Cafe … 91
犬甘野営農組合直売所 季楽 … 115	**た** 大福光寺 … 9.10	**や** 八木城跡 … 9.10
うなぎ専門店 うなー … 115	田辺城 … 124	薬膳喫茶悠々 … 98
絵本ちゃん … 105	丹山酒造 … 25.117	柳町 … 91
おいしふぉん … 92	丹波亀山城跡 … 9.11.114	勇貫堂 … 120
お家薬膳 忘れな … 117	丹波茶屋 … 90	洋菓子マウンテン … 92
大石酒造 … 13.25.117	丹波ワインハウス … 103	**ら** LA TINOS … 99
大阪屋こうじ店 … 124	千切屋 … 13.93	楞厳寺 … 101
おかきの店 … 105	長安寺 … 94	料亭 ゆう月 … 27
か 割烹・京料理 松きち … 122	町指定文化財(天然記念物)七色の木 … 102	料理旅館 きぐすりや … 27
cafe jazz … 121	津多屋 … 107	料理旅館 ふしみや … 98
Café Le Jardin Pop … 108	DECO … 101	るり渓 … 106
カフェ&ケーキ 明智茶屋 … 13.92	東郷邸 … 120	レストランいけじゅう … 108
cafe&ランチ MINI ONE … 104	DREAMTON VILLAGE PONT-OAK Tearoom Restaurant … 118	レストラン タケウチ … 123
カフェ月星 … 100	東和酒造 … 13.25.95	煉瓦屋 … 123
Café de MOTHERS … 118	魚源 … 125	**わ** 鞍 … 100
	鳥名子 … 90	和知うめはら … 104

INDEX

丹波篠山エリア

あ
- RH Bagels ⋯ 39
- 青山神社 ⋯ 47
- 青山歴史村・デカンショ館 ⋯ 47
- いちらん陶房 ⋯ 42
- 一眞坊 ⋯ 67
- 稲右衛門窯 ⋯ 63
- 居七七 ⋯ 56
- 美しい里のパン屋さん Belle Village ⋯ 58
- 器とくらしの道具ハクトヤ ⋯ 43
- 王地山陶器所 ⋯ 48
- お菓子屋 豆畑 ⋯ 59
- 小田垣商店 ⋯ 44

か
- 篭坊温泉 民宿 湯の壺 ⋯ 27
- CASA DEL' AMICI ⋯ 37
- 春日神社 ⋯ 48
- 鹿生堂 ⋯ 40
- 活魚割烹 宝魚園 ⋯ 53
- Café inizio ⋯ 54
- Café take5 ⋯ 56
- 雅峰窯 ⋯ 62.64
- Kamotte ⋯ 38
- 狩場一酒造 ⋯ 24.25
- 河原町妻入商家群 ⋯ 48
- 岩茶房丹波ことり ⋯ 38
- 金山城跡 ⋯ 9.12
- 串焼き八兵衛 ⋯ 37
- 栗屋西垣 ⋯ 41
- 黒豆の館・新鮮野菜市 ⋯ 23.60
- 源右衛門窯 ⋯ 64
- 虚空蔵 ⋯ 65
- 五節舎やまゆ ⋯ 60
- ごちそう家 はなばら ⋯ 60
- 古民家カフェ まめっこ ⋯ 55
- 小麦工房 麦の穂 ⋯ 38
- colissimo_cafe selen ⋯ 67
- こんだ旬菜市 農 ⋯ 22.23
- こんだ薬師温泉 ぬくもりの郷 ⋯ 22

さ
- 酒井七福堂 ⋯ 41
- 魚菜 うえばら ⋯ 60
- さぎ草グループ ⋯ 22
- 篠山城跡と大書院 ⋯ 46
- 篠山能楽資料館 ⋯ 48
- 里山工房くもべ ⋯ 54
- 里山旬菜料理 ささらい ⋯ 51
- 悟窯 ⋯ 64
- JA丹波ささやま 味土里館 ⋯ 23
- 獅子銀 陶の郷店 ⋯ 65
- 自然薯庵 ⋯ 52
- 集落丸山 ろあん松田 ⋯ 35
- 旬彩・地野菜 みやま ⋯ 66
- 旬菜千味 さぎ草 ⋯ 22
- 徐庵 ⋯ 38
- 省三窯 ⋯ 63
- 昇陽窯 ⋯ 62
- 白椿 ⋯ 57
- スイーツファクトリー ⋯ 59
- 諏訪園 インター店 ⋯ 59
- 清明堂 ⋯ 41
- 膳所 丹南茶寮 ⋯ 26
- 創作料理 和 ⋯ 34
- 蕎麦切 ゆる里 ⋯ 67

た
- 大正ロマン館 ⋯ 45
- 大福堂 ⋯ 40
- 時夢館 ねじき蕎麦 ⋯ 67
- 尹左ヱ門 ⋯ 52
- 立杭 陶の郷 ⋯ 65
- たまごかけごはんの店 玉の助 ⋯ 67
- 丹水窯 ⋯ 64
- 丹波篠山おゝみや ⋯ 44
- 丹波ささやまホロンピアホテル ⋯ 28.60
- 丹波古陶館 ⋯ 48
- 丹波篠山 里山懐石と純米酒 風和里 ⋯ 51
- 丹波篠山市立歴史美術館 ⋯ 47
- 丹波篠山 旅路のブルワリー ⋯ 57
- 丹波篠山百景館 ⋯ 45
- 丹波路ブルワリー テラノ・サウス ⋯ 53
- 丹波そば切り花格子 ⋯ 36
- 丹波杜氏酒造記念館 ⋯ 47
- 丹波まるいち窯 ⋯ 63
- 丹文窯 ⋯ 64
- ちいさなパン畑 ⋯ 39
- 千代市陶房 ⋯ 63
- 壺市 ⋯ 64
- 手打ち蕎麦 くげ ⋯ 52
- 手作りアイス和 ⋯ 22
- 手作り豆腐工房 夢豆腐 ⋯ 22
- 陶勝窯 ⋯ 64
- Touya cafe ⋯ 66
- DONO ⋯ 66
- Trattoria al Ragu ⋯ 53.59

な
- ナチュラルバックヤード ⋯ 43
- 波之丹州蕎麦処 一会庵 ⋯ 52
- ぬくもり亭 ⋯ 22
- NONOHANA ⋯ 58

は
- Patria ⋯ 37.39
- 梅角堂 ⋯ 41
- Patisserie M's Passion ⋯ 58
- 兵庫陶芸美術館 ⋯ 65
- 広岡製菓 ⋯ 40
- ひわの蔵 ⋯ 33
- ファミリーダイニング パラパラ ⋯ 60
- 武家屋敷 安間家史料館 ⋯ 47
- futaba cafe ⋯ 55
- 古道具ツバクラ ⋯ 57
- BREATH&ROY ⋯ 42
- 鳳鳴酒造 味間蔵 ⋯ 25
- 鳳鳴酒造 ほろ酔い城下蔵 ⋯ 49
- ボー・シュマン ⋯ 51
- ぼたん鍋処 如月庵 ⋯ 35

ま
- MAGNUM COFFEE ⋯ 56
- まけきらい稲荷 ⋯ 49
- まつかぜ屋 ⋯ 53
- 丸八窯 ⋯ 64
- めしと、つけもんと、パンと ⋯ 54.58
- monoile ⋯ 55
- 籾井城跡 ⋯ 8.12

や
- 八上城跡 ⋯ 8.12
- 八上屋 城垣醤油店 ⋯ 44
- 山里料理 まえ川 ⋯ 34
- 山本くん ⋯ 36

ら
- りょうり舎やまゆ ⋯ 50
- 料理旅館 髙砂 ⋯ 37

丹波エリア

あ
- 愛菜館おなざ ⋯ 23
- あずき工房 やなぎた ⋯ 81
- あれっと ⋯ 78
- 板野さんち ⋯ 76
- いちご畑 ⋯ 81
- 市島製パン研究所 ⋯ 82
- いちじま丹波太郎 ⋯ 23
- 一菓喜心 明正堂 ⋯ 73
- いづみや製菓 ⋯ 76
- いづも庵 ⋯ 79
- 慧日寺 ⋯ 77
- 円通寺 ⋯ 77
- おいでな青垣 ⋯ 80
- 御菓子司 藤屋 ⋯ 76
- 奥丹波の森 ⋯ 84
- Olmo ⋯ 72

か
- 柏原八幡宮 ⋯ 12.74
- 柏原藩陣屋跡と長屋門 ⋯ 74
- かち栗最中本舗 井上 ⋯ 73
- cafe ma-no ⋯ 72
- Cafe dining 田 ⋯ 81
- CAFE HAKUHO ⋯ 81
- KABURA ⋯ 74
- 岩瀧寺 ⋯ 77
- キッチンChiffon ⋯ 72
- 木の根橋 ⋯ 74
- キャリー焼菓子店 ⋯ 82
- 恐竜楽楽舎 ⋯ 76
- 銀鮨 ⋯ 71
- 首切地蔵尊 ⋯ 77
- 黒井城跡 ⋯ 9.12
- genten ⋯ 78
- 高源寺 ⋯ 77
- 高山寺 ⋯ 77
- 興禅寺 ⋯ 9.12
- 交流会館 かどのの郷 ⋯ 23
- 国領温泉 助七 ⋯ 21
- 小新屋観音 ⋯ 77
- 古民家旬菜cafe 玉手箱 ⋯ 78

さ
- 狭宮神社 ⋯ 77
- 茶寮ひさご ⋯ 75
- 三心五観 ⋯ 80
- 三寶寺 ⋯ 77
- JA丹波ひかみ とれたて野菜直売所 ⋯ 23
- 常勝寺 ⋯ 77
- 新鮮野菜直売所 夢楽市場 ⋯ 23
- スイーツ・チェリッシュ ⋯ 73
- ステーキハウス松葉 ⋯ 79
- 3ROASTERY ⋯ 79
- 石龕寺 ⋯ 77
- 千華 ⋯ 75
- そば処 大名草庵 ⋯ 80
- 蕎麦と料理 和さび ⋯ 72
- そばんち ⋯ 83

た
- 太鼓櫓 ⋯ 74
- 達身寺 ⋯ 77
- 丹波・穂のヴォンネ ⋯ 82
- TANBAR ⋯ 70
- 丹波アルベロ ⋯ 82
- 丹波市立休養施設 やすら樹 ⋯ 26
- 丹波市立 丹波布伝承館 ⋯ 80

127

くるり 丹波篠山 京都丹波+舞鶴

2019年9月14日初版第一刷発行

編著者	ウエストプラン http://www.west-plan.com
発行者	内山正之
発行所	株式会社西日本出版社 http://www.jimotonohon.com/ 〒564-0044 大阪府吹田市南金田1-8-25-402 【営業・受注センター】 〒564-0044 大阪府吹田市南金田1-11-11-202 TEL.06-6338-3078　FAX.06-6310-7057 郵便振替口座番号　00980-4-181121

Staff

編集長	松田きこ
編集・取材	木村桂子　笠原美律　安田良子　磯本歌見 並河智子　外園佳代子　山田詩乃
編集サポート	真名子陽子　森永桂子　澤田智子
撮影	草田康博　貝原弘次　谷口哲
デザイン	猪川雅仁（TAKI design） 永谷健一　山田直樹（CREATIVE LAB） 向井充央（CREARCH DESIGN）
イラスト	松田しおり
マップ制作	庄司英雄
広告	株式会社ウエストプラン
印刷・製本	株式会社光邦

©2019 ウエストプラン Printed in Japan
ISBN978-4-908443-47-3

乱丁落丁は、お買い求めの書店名を明記の上、小社宛にお送り下さい。
送料小社負担でお取り換えさせていただきます。

Special Thanks

森の京都DMO
亀岡市産業観光部商工観光課
京都丹波観光協議会
まいづる広域観光公社
舞鶴市観光まちづくり室観光商業課
福知山観光協会
綾部市定住交流部観光交流課
丹波市観光協会
丹波篠山市農都創造部　商工観光課
丹波篠山市商工会
栗林幸生さん　釼菱英明さん　谷口芽世さん

取材・制作にご協力いただきました皆様に、心よりお礼を申し上げます。

編集後記

4冊目の丹波本は、これまでより広範囲を取材しました。兵庫と京都にまたがるかつての丹波国を、戦国時代の武将たちと同じように走り回った取材スタッフたち。美しい景色に感動し、出会いを楽しみ、おいしいものを食べた日々。ようやく完成した本を持って、また丹波に出かけようと思います。読者の皆さんもぜひこの本を持って、素敵な丹波を見つけに行ってください。